PASTORALE de la SANTÉ

– Francis BRIGNON
– Marie-Claire KŒNIG
– Pierre MEYER

« J'AVAIS FAIM ET VOUS M'AVEZ NOURRI... »

CÉLÉBRER ET PORTER LA COMMUNION

à domicile et en Etablissements de soins

AU FIL DE L'ANNÉE C

AUX ÉDITIONS SALVATOR

PASTORALE DE LA SANTÉ :

« J'étais malade et vous m'avez visité... »
Parcours de formation pour visiteurs de malades en Etablissements de soins et en Paroisses

« J'avais faim et vous m'avez nourri... »
Célébrer et porter la Communion à domicile et en Établissements de soins
- Au Fil de l'année C
- Au Fil de l'année B
- Au Fil de l'année A (à paraître sept. 1995)

Imprimatur : Strasbourg, le 15 juin 1994
A. KIEFFER, Vicaire Général

ISBN 2-7067-0165-X

GUIDE DE CÉLÉBRATION

*1) « PRÉPARER ET SE PRÉPARER »**

Choix d'une tonalité dominicale ou festive.

Choix d'un passage scripturaire significatif, puisé dans l'un des textes de la liturgie dominicale ou festive. Parole de Dieu, fil conducteur de l'ensemble de la célébration !

Temps de préparation personnelle des porteurs de communion, nourri de brefs commentaires d'actualisation des textes bibliques de la liturgie.

2) « CÉLÉBRER »

2.1. ACCUEILLIR

Saluer la personne visitée, son éventuel entourage (autres malades, famille présente, amis...).

Echanger quelques nouvelles récentes ; occasion de créer ou de recréer des liens (échos de la vie paroissiale, actualités...).

Porter attention à son cadre de vie (confort physique, mise en valeur de son environnement, importance d'objets présents : crucifix, bible, missel, chapelet, cierges, fleurs...).

Inviter au recueillement et à la prière (demandes de réconciliation, prières universelles...).

* Préparation au cours des jours qui précèdent. Seul, ou mieux encore, en équipe, en couple, en famille...

2.2. ÉCOUTER

Choisir un passage d'une des lectures. De préférence celui qui figure dans la tonalité dominicale ou festive.

Ecouter l'extrait choisi. Ecoute suivie, si possible, d'un temps de méditation, d'échange mutuel, de silence, de prières de louange, de demande...

2.3. COMMUNIER ET TÉMOIGNER

Inviter à la prière du Notre Père.

Echanger la paix du Seigneur.

Recevoir le Corps du Christ.

Rendre grâces en silence.

Accueillir la bénédiction.

Partir en mission.

Chaque célébration est condensée en quatre pages. A chacun, selon les circonstances, de la modifier, de l'adapter, de l'alléger ou d'y ajouter d'autres textes et prières. Songeons, entre autres, à des invocations à Marie ou à un Saint Patron ! A l'évocation d'événements joyeux : anniversaires, améliorations de l'état de santé, joies, moments de fêtes !... Evoquons aussi certaines épreuves, liées à la maladie, à tel ou tel souci de proches ou de voisins, à des deuils... Restons attentifs aux actualités de l'Eglise et du monde !...

PRÉFACE

Le premier livre réalisé par la même équipe avait pris pour titre *J'étais malade et vous m'avez visité* emprunté au chapitre 25 de l'évangile de Matthieu. Il proposait une formation aux visiteurs de malades.

Ce nouveau livre emprunte son titre au même passage du même évangile, mais retient *J'avais faim et vous m'avez nourri.*

Cette fois, en effet, il s'agit d'une visite encore plus complète. A vrai dire, il s'agit d'une double visite, celle d'un délégué de la Communauté chrétienne qui apporte le réconfort d'une présence amicale mais qui apporte aussi, à celui qui en a exprimé le désir, la présence vivante du Seigneur dans le partage de sa Parole et du Pain eucharistique.

Cette démarche crée un lien direct et évident entre le malade et la communauté célébrante.

Tout doit être aménagé pour que ce lien soit rendu visible : par exemple, par le fait que les malades à qui le Pain eucharistique est porté soient nommés dans la prière universelle ou au moment du départ des porteurs de communion. Ceux-ci, frères dans la communauté, sont mandatés par le prêtre et par la communauté pour réaliser un service, une vraie mission d'Eglise. Leur départ du lieu de la célébration est solennisé dans toute la mesure du possible.

Tout doit être fait pour que cet acte ecclésial se réalise, certes dans la discrétion, mais toujours dans une dignité qui laisse transparaître la grandeur du ministère qui s'accomplit.

Le bénéfice spirituel de la Parole et du Pain de Vie ainsi reçus peut être immense pour le malade, quelquefois aussi pour l'entourage. Souvent il peut en résulter un mieux pour le moral et pour la santé elle-même.

Au nom de l'Eglise, je remercie chaleureusement ceux et celles qui donnent de leur temps et de leur dévouement pour cet inestimable service.

Strasbourg, le 22 juin 1993.

✝ Charles Amarin BRAND,
Archevêque de Strasbourg.

INTRODUCTION

Nombreux sont les livres, fascicules ou revues, propres à aider les chrétiens à se préparer à vivre l'Eucharistie dominicale dans leur communauté paroissiale. Bien moins nombreux, semble-t-il, les ouvrages ou opuscules destinés à aider à prier avec les malades, à faire route avec eux. Plus rares encore, les publications de célébrations de communion auprès des malades, des personnes âgées, en hôpital, en maison de retraite ou à domicile.

« Porter la communion à un malade est un geste de foi et une démarche fraternelle de la communauté eucharistique envers ses membres absents » (1).

Etre porteur de communion n'est point un honneur dont on se sentirait plus ou moins digne. C'est un service ! Baptisés, conscients de former ensemble le peuple de Dieu, un peuple de prêtres, de prophètes et de rois, nous nous savons intimement appelés, en Eglise, à vivre ce service de messagers de la Bonne

(1) Rituel des **Sacrements pour les Malades,** § 27, page 19.

Nouvelle du Ressuscité et de porteurs du Pain de Vie. Le Concile Vatican II, en effet, souligne et encourage cette coresponsabilité missionnaire – prêtres, religieux(ses) et laïcs – au service du peuple de Dieu et de tous les chercheurs de Dieu !

Quiconque est invité à porter la communion prend conscience qu'il est aussi acteur d'une rencontre. Il offre à des personnes isolées ou coupées de leurs relations habituelles d'entrer en communion avec le Seigneur et leurs frères et sœurs dans la foi.

Porteurs du Corps du Christ à nos frères et sœurs malades, nous leur donnons de s'unir à la célébration eucharistique de la communauté chrétienne. Il est souhaitable, bien sûr, que nous prenions part nous-mêmes à cette Eucharistie.

Toutefois, selon les endroits et les circonstances, cela n'est pas toujours possible. D'où l'importance, alors, pour une équipe de porteurs de communion – en hôpital ou en paroisse – de veiller à se retrouver ensemble, afin de préparer leur envoi en mission. D'où l'importance aussi, pour eux, de se rassembler pour célébrer ensemble ce temps de l'envoi.

Pour plus de détails à ce sujet, vous pouvez consulter notre ouvrage (2).

(2) Pastorale de la Santé : **« J'étais malade et vous m'avez visité ».** Salvator, 3e édition, 1991, pages 77-79.

Reste la situation de personnes isolées qui choisissent d'apporter la communion à une personne de leur voisinage qui l'a sollicitée. La démarche se situe, de fait, en écho à la tradition permanente de l'Eglise. C'est dans le prolongement de l'Eucharistie vécue que la personne, même isolée, s'en va, sans tarder, porter le Pain de Vie à qui l'attend.

Porter la communion : un service dont nous avons à découvrir le sens évangélique et la portée ecclésiale. Un service que les pasteurs auront à cœur de favoriser et de soutenir. Qu'il suffise, pour s'en convaincre, de prendre connaissance, à ce sujet, des propos du **Rituel des Sacrements des Malades :** « Il est souhaitable que les personnes âgées et les malades, même non gravement atteints, puissent recevoir l'Eucharistie. Les porteurs veilleront à ce qu'on leur offre cette possibilité fréquemment, et même tous les jours, surtout au temps pascal » (3). Les porteurs de communion ont à se préparer eux-mêmes pour ce service ecclésial.

Ceux qui ont été choisis pour porter la communion reçoivent – ne l'oublions jamais – une mission d'Eglise. Aussi convient-il de les aider spirituellement tant par d'indispensables réunions de prière et de formation, que par le biais d'outils liturgiques appropriés. Le porteur de communion s'interrogera régulièrement sur la qualité de sa relation à l'assemblée des

(3) Rituel des **Sacrements pour les Malades,** § 29, page 19.

chrétiens et aux personnes visitées. Heureuses, dès lors, les communautés où sont créées et reconnues des équipes de personnes appelées à ce service de communion avec les « empêchés du dimanche ou jours de fête » ! Quiconque porte la communion choisit de se mettre dans l'attitude du serviteur, toujours désireux de s'effacer pour laisser la place au Seigneur.

L'originalité de ce livre est de proposer, de semaine en semaine, au gré même du rythme du cycle liturgique de l'Eglise, une diversité de célébrations et de prières, adaptées au monde des malades, des isolés, des handicapés, des personnes âgées.

« J'étais malade, et vous m'avez visité… »

« J'avais faim, et vous m'avez donné à manger… »

Au cours de l'Eucharistie, la communion est « distribuée » aux fidèles. Auprès des malades, nous venons leur « porter » la communion et « célébrer » avec eux les largesses de Dieu en lien avec cette assemblée. Autant dire combien il est souhaitable de partir de cette assemblée pour rejoindre nos frères et sœurs absents, mais présents de cœur !

> « Comme ils sont les bienvenus, au sommet des montagnes, les pas du messager qui nous met à l'écoute de la paix, qui porte un message de bonté, qui nous met à l'écoute du salut ! » (4)

(4) **Isaïe 52**, 7.

Porter la communion, c'est apprendre, en permanence et avec humilité, à laisser retentir en nous la Parole de Dieu. Parole que, dimanche après dimanche, comme à tous les carrefours importants de notre vie, nous sommes encouragés à goûter, à méditer, à laisser s'enraciner en nous pour en partager les fruits avec ceux que nous rencontrerons.

– Saurons-nous privilégier d'authentiques prières de réconciliation, de louange et de demande ?...

– Saurons-nous transmettre un message d'espérance à celle ou à celui qui se sent seul et qui souffre ?...

– Saurons-nous choisir ensemble des repères de vie pour accueillir avec confiance l'avenir ?...

Reste, dès lors, à proposer aux lecteurs de ce livre, les structures et les enjeux majeurs de toute rencontre, comme aussi les étapes essentielles de sa dynamique. Aussi, pour cela, avons-nous privilégié deux points d'attention, récapitulés dans le « Guide de célébration ». (5)

Reste enfin à présenter les auteurs de ce travail :

- Marie-Claire KŒNIG, religieuse, visiteuse de malades ;
- Pierre MEYER, laïc, visiteur de malades ;
- Francis BRIGNON, prêtre aumônier, délégué diocésain des aumôneries d'hôpitaux (DDAH) et du Service Evangélique des Malades (SEM).

(5) Voir pages 3 à 4.

Tous trois membres de l'équipe d'Aumônerie Œcuménique au Centre Hospitalier de MULHOUSE et coauteurs d'un Parcours de Formation pour visiteurs de malades en Etablissements de soins et en Paroisses (6).

La présente édition épouse le rythme des dimanches et des fêtes de l'année « C » du temps de l'Eglise. Il fait suite à un premier tome, paru aux éditions SALVATOR, qui concernait l'année « B ». Il sera suivi d'un troisième tome relatif aux célébrations liturgiques de l'année « A ». Merci à ceux qui voudront bien nous adresser leurs remarques, critiques et suggestions ! Elles nous encourageront à mieux encore répondre aux besoins des porteurs de communion. De fait, notre unique « ambition » demeure de les aider à accomplir, avec joie et foi, leur mission de porter le Pain de Vie à nos frères et sœurs souffrants. Conscients d'être **tous appelés par Dieu et envoyés par l'Eglise !** (7)

P.S. La reconnaissance des auteurs s'adresse, avec une particulière attention, à Madame Francine KEIFLIN pour son fidèle travail de dactylographie.

(6) Pastorale de la Santé **« J'étais malade et vous m'avez visité »**. Editions Salvator, MULHOUSE, 3e édition, 1991.

(7) Adresse : Francis BRIGNON, 20, rue du Ventron, 68100 MULHOUSE.

PRÉPARER ET SE PRÉPARER

Tonalité dominicale

> **« Voici venir des jours où j'accomplirai la promesse de bonheur »**
>
> **Jérémie 33, 14**

Voici le temps de l'Avent ! Le temps d'aller, avec courage, sur les chemins de la justice, à la rencontre du Seigneur. L'atmosphère est à l'espérance. Respirons-la à pleins poumons. Dieu ne nous déçoit pas. Il accomplira sa promesse de bonheur. Il fera naître son Fils parmi nous. Et voici le nom qu'on lui donnera : « Le Seigneur est notre justice ».

Paix, justice, liberté, bonheur ! Autant d'espoirs légitimes solidement chevillés au cœur des hommes.

Nous avons appris comme il faut nous conduire pour plaire à Dieu. Restons éveillés ! Faisons donc de nouveaux progrès ! Le Seigneur nous comble d'un amour de plus en plus intense et débordant.

Les nations seront affolées. Les hommes mourront de peur. Nous ne serons pas à l'abri des faux-pas.

- Saurons-nous – chrétiens – nous redresser et relever la tête ?
- Saurons-nous – baptisés – apporter le réconfort de l'espérance à ceux qu'affolent la violence et le mal ?
- Saurons-nous – confirmés – lutter aux côtés de nos frères et sœurs dont le cœur désespéré s'alourdit dans les débauches, les drogues, les soucis de la vie ?
- Saurons-nous les presser de se redresser, de relever leur tête, de rester éveillés, de paraître debout devant le Seigneur qui nous donne d'entrer dans son alliance ?

CÉLÉBRER

Accueillir

- Seigneur, viens éveiller nos cœurs engourdis.
  Viens, Seigneur Jésus.
- O Christ, viens guérir nos yeux aveuglés.
  Viens, Seigneur Jésus.
- Seigneur, viens ouvrir nos mains fermées.
  Viens, Seigneur Jésus.

Dieu, tu es toujours fidèle à ton alliance. Malgré nos craintes et nos angoisses, tu nous promets le bonheur. Garde-nous vigilants dans la prière. Donne-nous d'être attentifs aux signes qui annoncent la venue de ton Fils.

Des malades, des personnes âgées, des isolés, des prisonniers, des familles dans la peine, espèrent une visite, un geste d'amitié... En ce temps de l'Avent, Seigneur, ouvre nos yeux et nos cœurs ! Fais nous passer de la parole aux actes.

Écouter

Références bibliques
• **Jérémie 33**, 14-16
• **Psaume 24**, 4-5 ; 8-9 ; 10, 14
• **1 Thessaloniciens 3,** 12, **4**, 2
• **Luc 21**, 25-28 ; 34-36

Parole du Seigneur. **Voici venir des jours où j'accomplirai la promesse de bonheur** que j'ai adressée à la maison d'Israël et à la maison de Juda : en ces jours-là, je ferai naître chez David un germe de justice, et il exercera dans le pays le droit et la justice. En ces jours-là, Juda sera délivré, Jérusalem habitera en sécurité, et voici le nom qu'on lui donnera : « Le Seigneur-est-notre-Justice ».

Jérémie 33

Communier et témoigner

En ce premier dimanche de l'Avent, mettons-nous en attente. Nous sommes tous avides de bonheur. Toi, Seigneur, tu es fidèle, à jamais, à ta promesse. Tu souhaites que nous nous adressions à toi comme des fils et filles d'un même Père. Nous te disons :

« Notre Père... »

Vienne, Seigneur, vienne ton jour ! Dans notre détresse et notre pauvreté, Jésus, tu veux nous fortifier par le Pain de Vie, vraie promesse de bonheur. Nous savons que nous ne sommes pas dignes de te recevoir. Nous espérons en toi. Guéris-nous.

Voici l'Agneau de Dieu, source de notre espérance :

« Le Corps du Christ... »

(temps de communion et de silence)

Réconfortés par la nourriture que tu nous as partagée, apprends-nous à faire plus ample confiance en la vie.

Nous attendons celui qui doit venir nous combler du vrai bonheur. Reprenons foi en la promesse de celui qui ne nous abandonne jamais sur la route de notre à-venir.

Allons, sereins, partager notre espérance avec tous ceux qui croiseront notre route cette semaine.

Que Dieu, Père, Fils et Esprit-Saint, bénisse nos résolutions.

PRÉPARER ET SE PRÉPARER

Tonalité dominicale

> **« Préparez le chemin du Seigneur, aplanissez sa route »**
>
> **Luc 3, 4**

Temps d'espérance, l'Avent est aussi espace de conversion. Jésus vient vers nous, en Sauveur. Il nous libère de nos habits de tristesse et de misère. Il éclaire notre route. Il ranime notre courage. Il stimule nos ardeurs à nous tenir debout, sur les hauteurs.

Regardons devant nous. Scrutons l'horizon. Préparons les chemins du Seigneur. Comblons les ravins. Abaissons montagnes et collines. Rendons droits les passages tortueux. Aplanissons les routes déformées.

Songeons à nos jalousies, à nos envies...
à notre orgueil, à nos égoïsmes...
à nos indifférences, à nos lâchetés, à nos paresses...
à nos préjugés, à nos a priori, à nos jugements hâtifs et définitifs.

Préparer les chemins du Seigneur, n'est-ce pas convertir nos façons de penser et de vivre ? Redoubler de charité ? Semer dans les larmes pour moissonner dans la joie ?

Puisse le Seigneur ne pas laisser le souci de nos tâches présentes entraver notre marche à la rencontre de son Fils. Qu'il éveille en nous l'intelligence du cœur. Elle nous donnera d'aller relever les prostrés, de rassurer les désemparés, de réconforter les désespérés. Elle nous pressera de combler les ravins de nos peurs, d'abaisser les montagnes de nos préjugés, d'aplanir nos collines de parti-pris.

CELÉBRER

Accueillir

- Seigneur Jésus, envoyé par le Père pour guérir et sauver les hommes.
  Viens, viens nous sauver.
- O Christ, mort et ressuscité pour nous ouvrir le chemin du salut.
  Viens, viens nous sauver.
- Seigneur, monté aux cieux, pour nous envoyer l'Esprit qui nous éclaire et nous guide.
  Viens, viens nous sauver.

Père très saint, nous venons à toi avec confiance, non pas pour remettre nos responsabilités entre tes mains, mais pour mieux les assumer.

Oui, Seigneur, donne-nous ton Esprit pour découvrir ce que nous devons faire pour aplanir la route. Fais que notre prière nous rende proches, réellement, de ceux dont nous faisons mémoire.

Écouter

Références bibliques
• **Baruch 5**, 1-9 • **Psaume 125**, 1-6 • **Philippiens 1**, 4-11 • **Luc 3**, 1-6

Jean parcourut toute la région du Jourdain : il proclamait un baptême de conversion pour le pardon des péchés, comme il est écrit dans le livre du prophète Isaïe : A travers le désert, une voix crie : **Préparez le chemin du Seigneur, aplanissez sa route**. Tout ravin sera comblé, toute montagne et toute colline seront abaissées ; les passages tortueux deviendront droits, les routes déformées seront aplanies, et tout homme verra le salut de Dieu.

Luc 3

Communier et témoigner

Préparons le chemin du Seigneur. Débarrassons-nous de l'inutile. Allons à l'essentiel. Convertissons-nous. Accueillons le don de l'amour de Dieu : son attention paternelle. Jésus nous a appris à prier ainsi :

« Notre Père... »

« Quelles merveilles fait pour nous le Seigneur ! »

Le psalmiste nous invite à être en grande fête. Le Seigneur vient. Il est tout proche. Jésus, notre Frère, nous invite à nous convertir. Préparons-nous à l'accueillir. Aplanissons la route qui nous mènera à sa rencontre. Plus encore, il veut se donner à nous pour que nous ne soyons plus seuls dans notre épreuve.

Seigneur, nous avons confiance en ta Parole. Nous le savons : nous ne sommes pas dignes de te recevoir. Dis seulement une parole et nous serons guéris.

Voici celui qui nous accompagne sur la route, l'Agneau de Dieu :

« Accueillons le Corps du Christ... »
(temps de communion et de silence)

« Il s'en va, il s'en va en pleurant, il jette la semence. »

« Il s'en vient, il s'en vient dans la joie, il rapporte les gerbes. »

Comme le psalmiste, nous savons, Seigneur, que l'épreuve nous mine et risque de nous détruire. A l'exemple du semeur, nous peinons et nous pleurons en semant le grain.

Avec ton aide, nous reprendrons foi et courage. La moisson est devant nous. Dans la joie, confiants, soyons témoins de lumière auprès de nos proches et de ceux que nous rencontrerons cette semaine.

Que Dieu nous bénisse : le Père, le Fils et l'Esprit-Saint.

Continuons à préparer la venue du Seigneur !

PRÉPARER ET SE PRÉPARER

Tonalité dominicale

> **« Que devons-nous faire ? »**
>
> **Luc 3, 10**

Temps d'espérance et de conversion, l'Avent est aussi temps de joie et de disponibilité. Nous découvrir aimés de Dieu, voilà qui a de quoi changer notre cœur et notre vie !

Alors, que devons-nous faire ?

- Vivre dans la joie ! Le Christ ne vient pas en ennemi. Il vient en libérateur.
- Vivre dans la joie ! Ne pas avoir peur. Ne pas laisser nos mains défaillir. Le Seigneur, notre Dieu, est en nous. Il met sa joie en nous. Il nous renouvelle par son amour.
- Vivre dans la joie ! Demeurer sereins. Ne nous inquiéter de rien.

Quelles que soient nos faiblesses, nos épreuves, nos misères, Dieu nous porte dans son cœur. Et sa paix, qui dépasse tout ce que nous pouvons imaginer, gardera nos cœurs et nos intelligences dans le Christ Jésus.

Un saint triste est un triste saint ! Les messagers de la Bonne Nouvelle auraient-ils vocation d'avoir des mines d'enterrement ? La joie qui vient de Dieu est sûre. Elle est communion à Dieu. Elle est le fruit de notre intimité avec lui.

Serons-nous les ambassadeurs de la joie de Dieu qui vient ? Joie discrète, solide, source de sérénité et d'intériorité, de prière et de confiance.

CÉLÉBRER

Accueillir

Demandons au Seigneur de nous établir dans la vérité.

- Pardon, Seigneur, pour toutes les fois où nous nous réfugions dans la prière pour nous donner bonne conscience...
  Que faisons-nous concrètement après avoir prié ?

- Pardon, Seigneur, pour toutes les fois où nous doutons d'un monde meilleur, où règneront la justice et l'amour...

Que faisons-nous concrètement pour faire advenir ce monde ?

Dieu, fidèle à tes promesses, tu nous délivres de l'inquiétude et de la crainte. Que ton Esprit-Saint répande en nous ta joie. Ouvre nos cœurs à l'action de grâces pour les signes de ton "passage" en nos vies. Garde-nous dans l'espérance au cœur même de nos épreuves. Fais-nous découvrir la joie de ta présence à nos côtés.

Écouter

Références bibliques
• **Sophonie 3**, 14-18 • **Isaïe 12**, 2, 4, 6 • **Philippiens 4**, 4-7 • **Luc 3**, 10-18

Les foules qui venaient se faire baptiser par Jean lui demandaient : **« Que devons-nous faire ? »** Jean leur répondait : « Celui qui a deux vêtements, qu'il partage avec celui qui n'en a pas ; et celui qui a de quoi manger, qu'il fasse de même !...
N'exigez rien de plus que ce qui vous est fixé...
Ne faites ni violence, ni tort à personne. »

Luc 3

Communier et témoigner

Nous nous posons, nous aussi, la question : « Et nous, que devons-nous faire ? » Agir, alors que la maladie et les épreuves épuisent nos forces ? Combien il est difficile, parfois, de répondre à l'appel de Dieu ! Confions-nous au Père plein d'amour. Adressons-lui la prière de Jésus :

« Notre Père... »

Avant d'apprendre à nouveau à agir, demandons à Jésus de nous fortifier. Accueillons humblement sa présence en nous. Il nous invite à reprendre courage. Dépassons nos peurs. Il veut se donner à nous. Dans notre détresse, nous crions vers lui.

« Ouvrons nos mains pour accueillir le Pain de Vie... »

(temps de communion et de silence)

Réconfortés par cette nourriture divine, nous saurons désormais mieux envisager ce que nous devons faire :

- Faire confiance à Dieu dans notre épreuve.
- Retrouver la joie de nous savoir aimés de Dieu.
- Demander conseil à celui qui nous rejoint.
- Redevenir disponibles au monde qui nous entoure.

Alors nous irons à la rencontre de tous ceux qui croiseront notre route. Nous partagerons avec eux notre espoir de vivre pleinement la joie de nous savoir héritiers du Royaume.

Que Dieu, Père, Fils et Esprit-Saint, encourage notre désir d'agir. Qu'il nous fortifie sur la route qui nous mène vers lui !

PRÉPARER ET SE PRÉPARER

Tonalité dominicale

> **« Heureuse celle qui a cru à l'accomplissement des paroles qui lui furent dites de la part du Seigneur »**
>
> **Luc 1, 45**

Toute bouleversée par la salutation et le message de l'ange, Marie se met en route, rapidement. Elle demeure à l'écoute et au service de sa cousine Élisabeth, enceinte, elle aussi, de Jean-Baptiste.

- Apprenons de Marie à porter le Christ aux autres, dans un élan de vraie charité.
- Apprenons de Marie à nous décentrer de nous-mêmes. A mieux nous concentrer sur les autres qui sont dans le besoin.
- Apprenons de Marie à goûter les qualités essentielles d'une vraie vie chrétienne : la foi, la joie, le recueillement, le dévouement.
- Apprenons de Marie à recevoir, nous aussi, la visite de l'ange. Comme elle, nous sommes appelés à donner le Christ au monde.

Seigneur, suscite en nous la foi enthousiaste de Marie et d'Élisabeth. Donne-nous le goût d'imiter leur générosité de cœur. Éveille en nous la même disponibilité à nous laisser bousculer et émerveiller par ta Parole.

Rends-nous prompts à te servir en tous ceux qui, aujourd'hui, connaissent la solitude, le doute, la révolte, le désespoir.

CÉLÉBRER

Accueillir

Approchons-nous du Seigneur avec confiance. Implorons son pardon.

- Pour que, malgré les ténèbres de ce monde, nous gardions foi en ta Parole.
  Que ton visage s'éclaire et nous serons sauvés.

- Pour que les cadeaux que nous nous apprêtons à offrir soient l'expression de notre amour.
  Que ton visage s'éclaire et nous serons sauvés.

- Pour qu'à la manière d'Élisabeth et de Marie, nous accueillions l'enfant qui vient.
  Que ton visage s'éclaire et nous serons sauvés.

Dieu de longue patience, tu ne cesses de visiter ton peuple. Éveille en nous les signes de ta présence et nous aurons hâte d'annoncer la Bonne Nouvelle du salut : Jésus-Christ, ton Fils.

A quelques jours de Noël,

- ouvrons nos cœurs à la grâce de sa visite,
- prions pour les malades, les isolés, les prisonniers,
- prions pour ceux qui vont les visiter et partager, avec eux, joies et peines.

Écouter

Références bibliques
• **Michée 5**, 1-4 • **Psaume 79**, 2, 4, 15, 19 • **Hébreux 10**, 5-10 • **Luc 1**, 39-45

Élisabeth fut remplie de l'Esprit-Saint, et s'écria d'une voix forte : « Tu es bénie entre toutes les femmes, et le fruit de tes entrailles est béni. Comment ai-je ce bonheur que la mère de mon Seigneur vienne jusqu'à moi ? Car, lorsque j'ai entendu tes paroles de salutation, l'enfant a tressailli d'allégresse, au-dedans de moi. **Heureuse celle qui a cru à l'accomplissement des paroles qui lui furent dites de la part du Seigneur**.

Luc 1

Communier et témoigner

Croyons-nous à l'accomplissement de la Parole de Dieu ? A nous aussi, à chaque étape de notre vie et tous les jours, la question est posée. Croyons-nous que Dieu nous aime malgré nos doutes et nos manques de foi ? Il est notre Père. Nous sommes ses enfants. Pleins de confiance, nous pouvons lui dire :

« Notre Père... »

Le temps de l'Avent, c'est le temps de la foi en la venue du Seigneur. Oui, Seigneur Jésus, viens combler notre faim de bonheur et notre soif de plénitude. Tu sais que nous ne serons jamais dignes de te recevoir. Ta Parole nous convie à te renouveler notre confiance :

« Accueillons le Pain de Vie... »

(temps de communion et de silence)

Le temps de l'Avent, c'est le temps de croire à l'accomplissement de la Parole. A l'exemple de Marie, la mère du Sauveur, nous voulons te faire confiance dans nos épreuves présentes. Donne-nous, Seigneur, de vivre

- le temps de l'espérance en la venue du Christ dans notre vie....
- le temps de la foi....
- le temps d'une charité plus attentive à nos proches...

Que le Seigneur nous bénisse, lui qui est Père, Fils et Esprit-Saint.

Restons attentifs à la Parole de Dieu !

PRÉPARER ET SE PRÉPARER

Tonalité festive

> **Comme il est beau de voir courir sur les montagnes le messager qui annonce la paix, le messager de la bonne nouvelle...**
>
> **Isaïe 52**

Noël ! L'ambiance autour de nous est souvent survoltée. C'est la course aux cadeaux ! Nous avons tous hâte de gâter nos proches, nos amis. Tous et chacun, nous sommes empressés de trouver à faire le geste qui réjouira vraiment le cœur de ceux qui nous sont chers.

Noël ! Dieu, notre Père, nous comble du plus beau cadeau : son propre Fils, né de Marie ! Dieu-avec-nous ! Jésus, « Merveilleux-Conseiller, Dieu-Fort, Père-à-jamais, Prince-de-la-Paix. »

Noël ! Veillons et restons éveillés ! Accueillons cette joyeuse et bonne nouvelle de Jésus qui vient nous révéler l'amour du Père !

Noël ! Notre cœur, notre maison, nos rassemblements seront-ils pareils à « Bethléem », la « maison du pain » ?

– Pain croustillant de la paix !
– Pain nourrissant de la sérénité !
– Bon pain de l'intériorité partagée !

- Saurons-nous courir à la rencontre de celles et ceux qui espèrent ou qui désespèrent ?
- Saurons-nous courir annoncer à nos frères et sœurs combien Dieu les estime et les respecte, jusqu'à prendre chair de notre chair et à venir habiter parmi nous ?

CÉLÉBRER

Accueillir

- Toi, Messie de Dieu, venu apporter l'amour sur la terre.

Seigneur Jésus, prends pitié.

- Toi, vivante Parole de Dieu, venu nous dire que nous sommes les enfants d'un même Père.

O Christ, prends pitié.

- Toi, Sauveur des hommes, venu faire de nous un peuple de frères.

Seigneur, prends pitié.

Dieu, notre Père, plus haut que la voix des prophètes s'élève aujourd'hui le silence d'un enfant qui dort. Dans cet enfant nouveau-né, fais-nous reconnaître, en vérité, ta Parole vivante, venue parmi nous.

Que notre porte s'ouvre
à ceux que personne n'écoute
à ceux que l'on oublie
Que notre porte s'ouvre
au pardon
à la réconciliation
à la paix

Écouter

Références bibliques
• **Isaïe 52**, 7-10 • **Psaume 97**, 1, 6, 11, 12 • **Hébreux 1**, 1-6 • **Jean 1**, 1-18

Comme il est beau de voir courir sur les montagnes le messager qui annonce la paix, le messager de la bonne nouvelle, qui annonce le salut, celui qui vient dire à la cité sainte : « Il est roi, ton Dieu ! » Écoutez la voix des guetteurs, leur appel retentit, c'est un seul cri de joie ; ils voient de leurs yeux le Seigneur qui revient à Sion. Éclatez en cris de joie, ruines de Jérusalem, car le Seigneur a consolé son peuple, il rachète Jérusalem ! Le Seigneur a montré la force divine de son bras aux yeux de toutes les nations. Et d'un bout à l'autre de la terre, elles verront le salut de notre Dieu.

Isaïe 52

Communier et témoigner

Noël, merveilleux cadeau de Dieu ! Cadeau de paix

et de sérénité ! Halte bienheureuse au cœur de l'épreuve qui est la nôtre.

Jésus, notre frère venu sur terre, ne nous abandonnera jamais. Il nous invite à nous tourner vers son Père, qui est aussi le nôtre. Avec lui, prions-le :

« Notre Père... »

« Le Verbe s'est fait chair et il a demeuré parmi nous... »

Cette parole de Jean nous interpelle aujourd'hui même. En ce jour de la Nativité, viens Seigneur Jésus. Prends place à notre table. Nous accueillons ton Corps, Pain de Vie.

Nous ne sommes pas dignes de te recevoir. Ta parole nous guérit :

« Le Corps du Christ... »

(temps de communion et de silence)

Dans le silence de notre longue attente, un cri de joie a retenti : « Le Seigneur vient ! » La joie d'Isaïe est notre joie. Une lumière est venue éclairer les ténèbres de notre épreuve. Nous voulons reprendre goût à l'espérance. Faire à nouveau confiance dans la vie. Porter nos regards autour de nous. Partager avec nos frères et sœurs notre joie d'aimer et d'être aimés.

Demandons à Dieu de nous bénir, lui qui est Père, Fils et Esprit-Saint.

Restons dans la joie de la Nativité du Seigneur. Il fera toujours route avec nous !

PRÉPARER ET SE PRÉPARER

Tonalité festive

> **Sa mère lui dit : « Mon enfant, pourquoi nous as-tu fait cela ?... Il leur dit : « Ne le saviez-vous pas ? C'est chez mon Père que je dois être. »**
>
> **Luc 2, 48-49**

Nos familles semblent nombreuses, aujourd'hui, à vivre en crise. Familles-ghettos, où l'enfant n'apprend que l'amour de soi ! Familles-lieux de domination et d'esclavage, où sévit l'autoritarisme aveugle ! Familles-prisons qui sécrètent la haine ! Contestées, parfois ridiculisées ou bafouées, elles restent toutefois essentielles à nos sociétés. Il est des crises, sources de maturation.

Jésus a vécu la vie de famille. Il a connu ce milieu vital, indispensable à sa croissance. Aux côtés de Marie et de Joseph, Jésus aura pu épanouir son être physique, psychique, intellectuel et spirituel.

Ne gommons pas trop vite les richesses inestimables d'une vie familiale équilibrée. C'est au contact de son père et de sa mère que l'enfant apprend ou non l'amour. C'est là qu'il prend conscience qu'il est ou non estimé et aimé. C'est là, qu'à son tour, il devient capable d'aimer.

La famille est le lieu du prochain le plus proche. Nous ne choisissons ni nos parents, ni nos enfants, ni nos frères et sœurs. Avec eux, tels qu'ils sont, nous sommes appelés à réussir à aimer en vérité. La famille est une école de liberté. Jésus « échappe » à ses parents pour aller se consacrer pleinement à l'amour de son Père.

Quel est notre comportement vis-à-vis de nos parents, de nos enfants et de nos frères et sœurs ?

CÉLÉBRER

Accueillir

- Seigneur Jésus, tu nous révèles l'amour du Père qui t'a envoyé parmi nous.

  Prends pitié de nous.

- O Christ, tu vis ta vie d'homme en Fils bien-aimé de ton Père.

  Prends pitié de nous.

- Seigneur, tu nous apprends à vivre en frères.

  Prends pitié de nous.

Par ta grâce, Dieu très saint, les parents de Jésus t'ont consacré ce petit enfant que tu leur confiais. Tu nous donnes de célébrer la Sainte Famille. Accorde-nous de nous mettre en route, avec Marie et Joseph, à la recherche de Jésus.

Regarde, avec bonté, ces enfants, ces jeunes, ces hommes et ces femmes qui cherchent un sens à leur vie, à leur amour, à leurs épreuves. Nous les confions tous à ton amour.

Écouter

Références bibliques
• **Samuel 1**, 20-28 • **Psaume 84**, 2-6-9 • **1 Jean 3**, 1-24 • **Luc 2**, 41-52

C'est au bout de trois jours qu'ils le trouvèrent dans le Temple, assis au milieu des docteurs de la Loi : il les écoutait et leur posait des questions, et tous ceux qui l'entendaient s'extasiaient sur son intelligence et sur ses réponses. En le voyant, ses parents furent stupéfaits, et **sa mère lui dit : « Mon enfant, pourquoi nous as-tu fait cela ?** Vois comme nous avons souffert en te cherchant, ton père et moi ! » Il leur dit : « Comment se fait-il que vous m'ayez cherché ? **Ne le saviez-vous pas ? C'est chez mon Père que je dois être.** » Mais ils ne comprirent pas ce qu'il leur disait.

Luc 2

Communier et témoigner

«C'est chez mon Père que je dois être.»

Auprès de Dieu se trouve la vraie liberté. A nous aussi est adressé ce message : c'est chez notre Père que nous devons trouver notre véritable raison de vivre. Adressons-nous à lui. Nous sommes ses enfants.

«Notre Père...»

Seigneur, tu nous as fait don de ton Fils pour nous signifier les liens d'amour que tu nous témoignes. Jésus veut nous donner son Corps à manger, nourriture mystérieuse qui nous fortifie dans l'épreuve.

Seigneur Jésus, nous ne sommes pas dignes de te recevoir. Dis seulement une parole et nous serons guéris.

Voici l'Agneau de Dieu qui vient sauver le monde :

«Le Corps du Christ...»

(temps de communion et de silence)

Le don du Pain Vivant nous invite, à notre tour, à nous donner à nos frères. A partager avec eux la joie d'être membres d'une même famille, solidaires dans les joies et les peines.

Reprenons, avec confiance, la route de la vie. Demandons à Dieu, Père, Fils et Esprit-Saint de nous bénir.

PRÉPARER ET SE PRÉPARER

Tonalité festive

> **« Ainsi, tu n'es plus esclave, mais fils, et, comme fils, tu es héritier par la grâce de Dieu. »**
>
> **Galates 4, 7**

Tu es ma fille ! Tu es mon fils !

Vous êtes importants à mes yeux !

Dieu est Père. Dieu est notre Père.

Marie devient le lieu de passage par lequel Dieu vient à l'homme. Sa maternité nous manifeste, concrètement, combien Dieu a choisi, en son Fils, d'habiter parmi nous.

Notre vocation n'est pas d'être des esclaves à la merci des commandements arbitraires et lointains d'un maître autoritaire et distant.

Notre vocation est de devenir des filles et des fils, libres, adultes, responsables.

- Prendre à cœur de le devenir, c'est d'abord nous réjouir de l'amour que Dieu, notre Père, nous témoigne.
- Prendre à cœur de le devenir, c'est, ensuite, entrer pleinement dans ses projets. Les faire nôtres.

- Prendre à cœur de le devenir, c'est, enfin, épouser librement les qualités d'écoute, de patience, de fidélité, de joie, de paix qui font le cœur même de Dieu, notre Père.

De fait, en Jésus-Christ, Dieu nous appelle ses amis. Tout ce qu'il a appris de son Père, il nous l'a fait connaître. Nous sommes appelés enfants de Dieu. Nous le sommes, avant même que nous en prenions pleine conscience.

- Choisis et établis filles et fils, saurons-nous partir et porter du fruit ?
- Saurons-nous manifester à nos contemporains qu'ils sont membres d'une même famille ? Filles et fils d'un même Père ? Appelés au même héritage de la vie en plénitude ?

CÉLÉBRER

Accueillir

- Seigneur, Fils du Père et Sauveur du monde.
  Prends pitié de nous.
- O Christ, né de Marie et Frère des humains.
  Prends pitié de nous.
- Seigneur, béni de Dieu et libérateur des pécheurs.
  Prends pitié de nous.

Père saint, par la maternité virginale de la bienheureuse Marie, tu as offert au genre humain les trésors du salut éternel, accorde-nous de sentir qu'intervient en notre faveur celle qui nous permit d'accueillir l'auteur de la vie, Jésus-Christ, ton Fils, notre Seigneur.

Au début de cette année,

- prions pour les peuples de la terre. Que la paix fleurisse dans tous les pays.
- prions pour les pauvres, les malheureux, les malades, les chômeurs. Qu'ils trouvent sur leur chemin quelqu'un pour les aider et les aimer.

Écouter

Références bibliques
• **Nombres 6**, 22-27 • **Psaume 66**, 2, 3, 5, 7 • **Galates 4**, 4-7 • **Luc 2**, 16-21

Lorsque les temps furent accomplis, Dieu a envoyé son Fils ; il est né d'une femme, il a été sujet de la loi de Moïse pour racheter ceux qui étaient sujets de la Loi et pour faire de nous ses fils.

La preuve que vous êtes des fils : envoyé de Dieu, l'Esprit de son Fils est dans nos cœurs, et il crie vers le Père en l'appelant « Abba. » **Ainsi tu n'es plus esclave, mais fils, et comme fils, tu es héritier par la grâce de Dieu.**

Galates 4

Communier et témoigner

Jésus, né de Marie, est venu nous racheter. Il fait de nous des hommes libres. Nous ne sommes plus esclaves du péché, mais héritiers du Royaume par la grâce de Dieu.

En ce début de l'année nouvelle, fêtons celle par qui Dieu a rétabli l'alliance. Nous adressons, en fils libérés, notre prière au Père des cieux.

« Notre Père... »

L'année nouvelle est pour chacun d'entre nous l'occasion de nous remettre en route. Marie, attentive aux merveilles de Dieu, a été la première à discerner les signes de l'amour de Dieu dans son Fils.

Lui, qui nous a libérés de l'esclavage, veut être notre compagnon tout au long de cette année nouvelle. Bien plus, il nous propose le Pain de Vie, nourriture qui nous fortifie tout au long de notre à-venir.

Seigneur Jésus, tu sais que nous ne sommes pas dignes de te recevoir. Dis seulement une parole et nous serons guéris :

« Recevons le Pain de la Vie éternelle... »

(temps de communion et de silence)

Fortifiés par cette nourriture qui nous rassasie, nous pouvons, avec courage, nous remettre en route.

Que l'an neuf soit pour nous source de vraies joies, source de paix et de sérénité, source de confiance retrouvée afin de traverser nos épreuves d'aujourd'hui.

Que Dieu, Père, Fils et Esprit-Saint, nous fortifie dans nos résolutions. Partons, librement, sur la route tracée devant nous.

PRÉPARER ET SE PRÉPARER

Tonalité festive

> **Le Seigneur délivrera le pauvre qui appelle et le malheureux sans recours. Il aura souci du faible et du pauvre, du pauvre dont il sauve la vie**
> **Psaume 71, 12-13**

« Épiphanie ! » Cette fête des chrétiens s'appelle aussi « Manifestation du Seigneur. » Ouverture du cœur de Dieu, de sa Bonne Nouvelle à toutes les nations. Sans exception et sans réticence ! Dieu invite tous les peuples à venir partager la joie du Royaume d'En-Haut.

L'Épiphanie est le don des signes de Dieu. Signes toutefois discrets, à discerner patiemment dans la nuit étoilée des épreuves des hommes, de l'humanité en marche et en quête de bonheur.

Oui, devant le malheur qui nous accable, comment Dieu se manifeste-t-il ?... Sous les traits d'un enfant, celui-là même qui ne peut pas parler, mais seulement s'exprimer par ses cris, ses pleurs.

L'Épiphanie de Dieu respecte le rythme du temps. Le sens de notre vie s'inscrit aussi dans l'étalement de la durée. D'épiphanie en épiphanie, de signes de Dieu en signes de Dieu, nous progressons vers l'Épiphanie du mystère pascal.

L'Épiphanie n'est pas une manifestation tonitruante. Dieu se manifeste dans le bruit d'une brise légère.

- Saurons-nous, chrétiens, faire signe par la qualité évangélique de notre vie quotidienne ?
- Saurons-nous manifester à la manière de Dieu ?

Non avant tout dans les rues, mais avec nos cœurs ?

CÉLÉBRER

Accueillir

- Seigneur Jésus, toi, la route des égarés, ouvre à tes frères le chemin de la vie.

  Prends pitié de nous.

- O Christ, toi, la lumière de ceux qui marchent dans la nuit, éclaire nos pas de la clarté de l'Évangile.

  Prends pitié de nous.

- Seigneur, toi, le réconfort des éprouvés, conduis nos pas à la rencontre de ceux qui souffrent.

  Prends pitié de nous.

Seigneur notre Dieu, une étoile a conduit les mages jusqu'à ton Fils. Que la force de ta Parole et la lumière de ton Esprit, nous mènent aujourd'hui jusqu'à toi.

Avec les mages, toutes les nations étaient déjà présentes près de la crèche. Que tous les peuples, que tous les hommes, soient, en ce jour, présents dans notre prière.

Pour les missionnaires, prêtres, religieux et laïcs, pour les personnes âgées, les familles, les pays plongés dans l'épreuve, ensemble prions.

Écouter

Références bibliques
• **Isaïe 60**, 1-6 • **Psaume 71**, 1-2, 7-8, 10,13 • **Ephésiens 3**, 2-6 • **Matthieu 2**, 1-12

Dieu, donne au roi tes pouvoirs, à ce fils de roi ta justice. Qu'il gouverne ton peuple avec justice, qu'il fasse droit aux malheureux !

En ces jours-là, fleurira la justice, grande paix jusqu'à la fin des lunes ! Qu'il domine de la mer à la mer, et du Fleuve jusqu'au bout de la terre !

Les rois de Tarsis et des Iles apporteront des présents, les rois de Saba et de Seba feront leur offrande. Tous les rois se prosterneront devant lui, tous les pays le serviront.

Il délivrera le pauvre qui appelle et le malheureux sans recours. Il aura souci du faible et du pauvre, du pauvre dont il sauve la vie.

Psaume 71

Communier et témoigner

Seigneur, tu t'es manifesté par ton Fils à l'humanité toute entière. Ton amour nous libère. Nous voulons te faire confiance dans les difficultés quotidiennes qui sont les nôtres. Faibles et pauvres, nous nous adressons à toi comme à un Père et te disons :

« Notre Père... »

« Le Seigneur délivrera le pauvre qui appelle ! » Dans notre détresse, nous t'appelons à notre secours. Par ton Fils, tu nous as promis de ne jamais nous abandonner. Plus encore, Jésus nous manifeste sa solidarité en nous proposant de nous accueillir à sa table.

Nous ne serons jamais assez dignes de nous approcher de cette table, mais, Seigneur, dis seulement une parole et nous serons guéris :

« Ouvrons nos mains pour accueillir le Pain de Vie... »

(temps de communion et de silence)

« Debout, Jérusalem ! Resplendis : elle est venue, ta lumière... » Illuminés par ta présence en nous, nous voulons, à notre tour, devenir lumière pour tous ceux qui croiseront notre route.

Saurons-nous témoigner de cet amour libérateur de Dieu pour tous les hommes ? Avoir, à notre tour, souci du faible, du pauvre ?

Demandons à Dieu de nous bénir. Lui qui est Père, Fils et Esprit-Saint.

- Regardons avec courage notre à-venir.
- Discernons les vrais appels de nos proches.
- Restons prêts à nous ouvrir à plus pauvre que nous.

PRÉPARER ET SE PRÉPARER

Tonalité festive

> **Par le bain du baptême, il nous a fait renaître et nous a renouvelés dans l'Esprit-Saint**
>
> **Tite 3, 5**

Être baptisé, c'est être plongé dans la vie de communion qui est en Dieu, Père, Fils et Esprit-Saint.

Vivre de notre baptême, c'est consentir à nous laisser librement et généreusement imprégner par la mentalité d'amour de Dieu.

Le bain du baptême nous renouvelle dans l'Esprit-Saint. Il définit notre identité chrétienne. Il mouille d'eau et oint d'huile notre corps, au nom de Dieu. Nous ne sommes pas chrétiens en pensée. Par le baptême, nous recevons sur notre corps la marque du Dieu de l'Évangile de Jésus-Christ.

- Laissons-nous conduire par l'Esprit...
- Goûtons ses fruits : charité, joie, paix, patience, serviabilité, bonté, confiance dans les autres, douceur, maîtrise de soi...

- Offrons-lui notre intériorité comme une terre labourée et préparée à accueillir ses semences.
- Laissons-lui le soin de les faire croître en nous.
- Soyons porteurs et semeurs des fruits de l'Esprit.

CÉLÉBRER

Accueillir

- Toi qui es venu ouvrir les yeux des aveugles.
  Jésus, Serviteur de Dieu, prends pitié de nous.

- Toi qui es venu appeler tous les pécheurs.
  Jésus, Saint de Dieu, prends pitié de nous.

- Toi qui es venu mettre ton Esprit en nos cœurs.
  Jésus, Fils du Père, prends pitié de nous.

Seigneur, notre Dieu, le jour où ton Fils est entré dans le Jourdain pour y être baptisé, c'est nous tous, déjà, qu'il plongeait dans les eaux du baptême. Ravive en nous, par ton Esprit, la joie et la fierté de notre baptême. Donne-nous d'être témoins fidèles du Christ parmi les hommes.

Prions pour nos communautés chrétiennes. Que les futurs baptisés, les couples qui demandent le baptême de leur enfant, les enfants d'âge scolaire y trouvent l'accueil fraternel et l'encouragement.

Seigneur, vienne sur nous ton Esprit-Saint !

Écouter

Références bibliques
• **Isaïe 40**, 1-11   • **Psaume 103**, 1-4, 24, 25, 27, 30   • **Tite 2**, 11-3, 7   • **Luc 3**, 15-22

Dieu, notre Sauveur, a manifesté sa bonté et sa tendresse pour les hommes ; il nous a sauvés. Il l'a fait dans sa miséricorde, et non pas à cause d'actes méritoires que nous aurions accomplis par nous-mêmes. **Par le bain du baptême, il nous a fait renaître et nous a renouvelés dans l'Esprit-Saint.**

Cet Esprit, Dieu l'a répandu sur nous avec abondance, par Jésus-Christ notre Sauveur ; ainsi, par sa grâce, nous sommes devenus des justes, et nous possédons dans l'espérance l'héritage de la vie éternelle.

Tite 3

Communier et témoigner

Renouvelés dans l'Esprit-Saint, l'Apôtre Paul nous interpelle « pour vivre dans le monde présent en hommes raisonnables, justes et religieux. » Par le baptême, naissance nouvelle à notre vie avec Dieu, nous voici appelés à devenir des fils. Nous pouvons nous adresser à Dieu comme à un Père et lui dire :

« Notre Père... »

« Il vient, celui qui est plus puissant que moi. »

Comme Jean-Baptiste, reconnaissons que nous ne sommes pas dignes de défaire la courroie de ses sandales. Et pourtant, Jésus vient vers nous pour nous proposer une alliance éternelle. Il nous invite à la table du Royaume pour partager le Pain.

Voici l'Agneau de Dieu qui a enlevé le péché du monde

« Le Corps du Christ... »

(temps de communion et de silence)

Fortifiés par cette nourriture, renouvelés par notre baptême dans l'Esprit-Saint, nous pouvons à nouveau reprendre notre route.

En pleine confiance et dans l'espérance de l'héritage du Royaume, retournons vers nos proches pour faire mémoire avec eux des promesses de notre baptême.

Demandons à Dieu sa bénédiction, lui qui est Père, Fils et Esprit-Saint.

LES DIMANCHES ENTRE LA FÊTE DU BAPTÊME DU SEIGNEUR ET LE CARÊME

Entre le dimanche du Baptême du Seigneur et le premier dimanche du Carême, il y a place pour quelques dimanches qui sont les premiers de la série des trente-quatre dimanches du Temps Ordinaire. Les autres prennent place après le dimanche de la fête du Corps et du Sang du Christ. Pour trouver facilement la fête ou le dimanche célébré, il convient de consulter le calendrier liturgique, édité chaque année par votre diocèse. La fête du Baptême du Seigneur ouvre la 1re semaine du Temps Ordinaire. Le dimanche qui suit est donc le 2e dimanche du Temps Ordinaire.

PRÉPARER ET SE PRÉPARER

Tonalité dominicale

> **« Quand mon serviteur m'appelle », dit le Seigneur, « je reste près de lui dans son épreuve. »**
>
> **Psaume 90, 15**

Notre vie est tissée de temps d'épreuves. Vivre le Carême, c'est entrer, sans plus tarder, dans la Pâque du Seigneur.

- Nous voici invités à un entraînement spirituel actif, stimulant, enthousiasmant.
- Nous voici invités à sortir des ténèbres de notre cœur, qui ont nom « découragement », « laisser-aller », « démission de soi », « autodestruction » due au tabac, à l'alcool, aux drogues.
- Nous voici invités à faire mourir en nous ce qui aliène notre liberté et paralyse notre générosité.

Osons « faire carême. » Consentons à faire la lumière en nous. Sachons « couper » avec nos activismes, afin de ne pas « craquer. » Passons sur l'autre rive. Accordons-nous avec nous-mêmes. Restons greffés sur Dieu.

Vivre l'entraînement du carême, c'est choisir de mettre en œuvre une vraie hygiène spirituelle de vie.

- Oser renoncer à de légitimes besoins et désirs...
- Oser dire un non sans concessions aux séductions faciles, immédiates, éphémères...
- Oser dire un oui franc, fidèle et fécond aux appels de la vie...

CÉLÉBRER

Accueillir

- Seigneur Jésus, aujourd'hui, ton Esprit nous pousse au désert.
  Creuse en nous la faim de la Parole de Dieu.
  Prends pitié de nous.
- O Christ, aujourd'hui, ton Esprit nous pousse au désert.
  Fais-nous retrouver le goût de la prière et du silence.
  Prends pitié de nous.
- Seigneur, aujourd'hui, ton Esprit nous pousse au désert.
  Conduis nos pas sur les chemins de la vraie liberté et du service fraternel.
  Prends pitié de nous.

Nous te bénissons, Dieu d'amour ! Ton Fils s'est fait l'un de nous jusqu'à partager nos luttes. Il a connu la tentation. Il a appris l'obéissance. Donne-nous de combattre à ses côtés. Avec lui, nous sortirons vainqueurs de l'épreuve, grâce à la puissance de ton Esprit-Saint.

Seigneur Jésus, révèle ta présence à tous ceux qui, aujourd'hui, traversent l'épreuve de la maladie, du deuil.

Écouter

Quand je me tiens sous l'abri du Très-Haut et repose à l'ombre du Puissant, je dis au Seigneur : « Mon refuge, mon rempart, mon Dieu, dont je suis sûr ! »

Références bibliques
• **Deutéronome 26**, 4-10 • **Psaume 90**, 1, 2, 10, 16 • **Romains 10**, 8-13 • **Luc 4**, 1-13

« Puisqu'il s'attache à moi, je le délivre ; je le défends, car il connait mon nom.

Il m'appelle, et moi je lui réponds ; je suis avec lui dans son épreuve. »

Psaume 90

Communier et témoigner

« Quand mon serviteur m'appelle, je reste près de lui dans son épreuve. »

Nous voici, Seigneur, au seuil de ce temps de carême. Temps de purification ! Temps de préparation à l'annonce de ta mort et de ta résurrection ! Tu nous appelles à vivre en fils d'un même Père, éperdu d'amour pour l'humanité.

Comme tu nous l'as appris, nous prions

« Notre Père... »

Seigneur Jésus, nous mettons nos pas dans tes pas. Tu nous rejoins dans l'épreuve qui est la nôtre, aujourd'hui. Tu nous encourages à aller de l'avant. Pour cela, tu veux devenir nourriture sur la route pour nous fortifier.

Humblement, nous crions vers toi dans notre désir de t'accueillir. Nous savons ne pas être dignes de te recevoir.

« Nous ouvrons nos mains pour accueillir
le Pain de Vie... »
(temps de communion et de silence)

Le psalmiste nous rappelle que nous ne sommes jamais seuls. A notre appel, Dieu reste auprès de nous dans notre épreuve. Fortifiés dans la certitude que Dieu nous accompagne, nous pouvons aller à la rencontre de tous ceux qui croiseront notre route, cette semaine. Partageons avec eux la seule Espérance qui ne nous décevra jamais.

Que Dieu, Père, Fils et Esprit-Saint, nous bénisse et demeure avec nous dans nos épreuves.

PRÉPARER ET SE PRÉPARER

Tonalité dominicale

> **Le Seigneur est ma lumière et mon salut, de qui aurais-je crainte ?**
> **Espère le Seigneur, sois fort et prends courage ; espère le Seigneur.**
>
> **Psaume 26, 1, 14**

Prier, c'est confesser combien le Seigneur est la lumière de nos pas. Offrons au Seigneur d'illuminer notre quotidien et de dissiper ses grisailles habituelles. Prier c'est espérer et puiser nos forces et notre courage en Dieu.

Jésus nous apprend à prier. Fréquentons-le sans crainte ! Sa manière de prier ne nous invite pas à fuir le réel. Bien au contraire ! Sa prière, vraie, s'incarne dans la chair et le sang de l'existence humaine. Il nous rend forts. Il nous encourage à nous immerger profondément dans une solidarité avec l'humanité toute entière.

• Prier, n'est-ce-pas, en communion étroite avec Jésus, notre lumière et notre salut, travailler, avec force et courage, à transfigurer le quotidien des hommes ?

- Comment donner à nos journées plus de profondeur, plus d'intériorité, plus de densité ?
- Nos épreuves physiques, morales, spirituelles sont-elles lieux de transfiguration ?
- Notre vécu est-il transparent de l'éternel ?
- Notre espérance est-elle au beau fixe ?

CÉLÉBRER

Accueillir

- Quand nous doutons de toi, dans la nuit de l'épreuve,

Seigneur Jésus, conduis-nous vers ta lumière.
Prends pitié de nous.

- Quand nous oublions ton visage, dans l'agitation quotidienne,

Seigneur Jésus, conduis-nous vers ta lumière.
Prends pitié de nous.

- Quand nous ne savons plus trouver le temps du silence et de la prière,

Seigneur Jésus, conduis-nous vers ta lumière.
Prends pitié de nous.

Dieu, notre Père, toi qui as illuminé notre nuit par la venue parmi nous de ton Fils bien-aimé, nous te prions. Accorde-nous d'écouter ta Parole, de suivre ton Fils sur le chemin de Pâques, Lui, la lumière des hommes.

Seigneur Jésus, révèle ton visage

- à tous tes frères qui désirent te suivre,
- à tes frères qui peinent et qui doutent,
- à ceux qui cherchent un sens à leur vie,
- à ceux qui n'ont plus le courage de poursuivre le chemin.

En communion avec eux, nous te prions !

Écouter

Références bibliques
• **Genèse 15**, 5-18 • **Psaume 26**, 1, 2, 7, 9, 13, 14 • **Philippiens 3**, 17-**4**, 1 • **Luc 9**, 28-36

Le Seigneur est ma lumière et mon salut, de qui aurais-je crainte ?

Le Seigneur est le rempart de ma vie, devant qui tremblerais-je ?

J'en suis sûr, je verrai les bontés du Seigneur sur la terre des vivants.

« Espère le Seigneur, sois fort et prends courage ; espère le Seigneur. »

Psaume 26

Communier et témoigner

«Le Seigneur est ma lumière et mon salut.»

Quand tout est ténèbres autour de nous et que l'épreuve nous mine, nous cherchons une lumière pour éclairer notre route.

Voici que le Seigneur nous invite à lui faire confiance, comme l'enfant fait confiance à ses parents.

Il est notre Père. Le rempart de notre vie ! Nous pouvons lui dire:

«Notre Père...»

Le psalmiste ajoute encore: «Espère le Seigneur, sois fort et prends courage.» Pour nous fortifier, Jésus nous propose une nourriture qui nous rassasie pleinement. Il se donne à nous pour que nous ne soyons plus seuls. Il est la source du salut de l'humanité toute entière. Il est l'Agneau de Dieu qui enlève le péché du monde.

«Recevons le Pain de Vie...»
(temps de communion et de silence)

«Espère le Seigneur, sois fort et prends courage.»

Comme le psalmiste, nous sommes sûrs des bontés du Seigneur. Fortifiés par le Pain de Vie que nous avons reçu, nous pouvons, avec un regard nouveau, nous ouvrir à notre à-venir. Avec l'aide de tous ceux qui nous sont chers, marchons sur la route qui nous mène vers Pâques, vers la lumière éclatante d'une espérance qui ne déçoit jamais.

Demandons à Dieu, Père, Fils et Esprit-Saint, de nous bénir et de nous fortifier.

PRÉPARER ET SE PRÉPARER

Tonalité dominicale

> **Ainsi donc, celui qui se croit solide, qu'il fasse attention à ne pas tomber.**
>
> **1 Corinthiens 10, 12**

Ne confondons jamais orgueil et fierté. Être orgueilleux, c'est nous croire solides, nous surestimer, regarder les autres du haut de notre trop bonne conscience.

Être fiers, c'est nous réjouir d'être, les uns et les autres, aimés de Dieu. Conviés par lui à nous aimer les uns les autres. Donc, à nous encourager, à nous épauler, à servir la cause des laissés-pour-compte, des mal-aimés, des désespérés.

Être chrétien, c'est faire, aujourd'hui encore, l'expérience de la sortie d'Égypte et du passage de la Mer Rouge.

Être chrétien, c'est faire preuve d'humour et d'amour.

- Nous laisser vacciner contre la tentation subtile à sans cesse nous surestimer.

- Maîtriser notre propension à abonder en critiques hâtives et expéditives.
- Modérer notre inclination à nous ériger en donneurs de leçons.

Être baptisés, prendre part à l'Eucharistie dominicale, ne sauraient être des assurances tous risques.

Laissons le vigneron, qu'est le Seigneur, bêcher autour de nous la terre endurcie par nos prétentions. Acceptons qu'il y dépose l'engrais de l'humilité. Qui sait ? Peut-être porterons-nous plus de fruits ?

CÉLÉBRER

Accueillir

- Seigneur Jésus, tu es venu nous rendre à la vie.
  Prends pitié de nous.
- O Christ, tu as donné ta vie pour les pécheurs.
  Prends pitié de nous.
- Seigneur Jésus, nous savons que tu es notre Sauveur.
  Prends pitié de nous.

Ami des hommes, toi, notre Dieu, tu nous as révélé ton infinie tendresse. Ta patience transparaît sur le visage de ton Fils bien-aimé, Jésus-Christ. Accorde-nous de répondre à ton amour par une vie fidèle à l'Évangile.

Prions :

- pour les peuples dont la survie est en danger ; et ceux qui sont, près d'eux, des témoins du Dieu d'amour ;
- pour l'Église... Que viennent à elle ceux qui ont soif de vie et faim de salut ;
- pour les pécheurs... Qu'ils entendent l'appel miséricordieux de Dieu ;
- pour les malades... Qu'ils cherchent en Dieu leur force et leur courage.

Écouter

Références bibliques
• **Exode 3**, 1-15
• **Psaume 102**, 1-8, 11
• **1 Corinthiens 10**, 1-12
• **Luc 13**, 1-9

Frères, je ne voudrais pas vous laisser ignorer ce qui s'est passé lors de la sortie d'Égypte... Tous nos ancêtres ont été, pour ainsi dire, baptisés en Moïse, dans la nuée et dans la mer ; tous, ils ont mangé la même nourriture, qui était spirituelle ; tous, ils ont bu à la même source, qui était spirituelle. Cependant, la plupart n'ont fait que déplaire à Dieu, et ils sont tombés au désert...

Leur histoire devait servir d'exemple et l'Écriture l'a racontée pour nous avertir, nous qui voyons arriver la fin des temps.

Ainsi donc, celui qui se croit solide, qu'il fasse attention à ne pas tomber.

1 Corinthiens 10

Communier et témoigner

Nous croire solides ! Que de fois, dans notre vie, n'en étions-nous pas persuadés ! Et pourtant, quand la maladie, l'épreuve nous terrassent, nous nous sentons ébranlés, fragilisés dans notre foi. Nous sommes confrontés au mystère de notre finitude. Nous risquons de perdre l'espérance. Saint Paul nous encourage à relever la tête. Nous avons un Père qui nous aime tellement, auquel nous pouvons dire :

« Notre Père... »

Pour trouver des forces nouvelles dans notre épreuve, notre solitude, tendons les bras vers celui qui est le Fils de Dieu et notre frère. Il nous invite à lui faire confiance. Il nous encourage à fortifier notre foi. Et pour cela, il nous invite à sa table pour partager le Pain. Nous nous sentons bien indignes de recevoir cette nourriture divine, mais Jésus nous convie à sa table :

« Voici le Corps du Christ, Pain de Vie... »
(temps de communion et de silence)

Avec Jésus, compagnon de route, reprenons goût à notre vie de tous les jours. Il nous aidera à rester debout. Le psaume de ce jour nous rappelle que, « comme le ciel domine la terre, fort est l'amour du Seigneur pour qui le craint ».

Avec la force de l'amour de Dieu, nous partagerons l'Espérance qui nous habite avec tous ceux que nous croiserons cette semaine.

Que Dieu fortifie notre foi. Qu'il nous bénisse, lui qui est Père, Fils et Esprit-Saint.

PRÉPARER ET SE PRÉPARER

Tonalité dominicale

Nous sommes les ambassadeurs du Christ... Laissez-vous réconcilier avec Dieu.
2 Corinthiens 5, 20

Être chrétien, c'est remplir une mission d'ambassadeur. Devenir ambassadeur du Christ, de son Esprit de miséricorde ! Être appelés, avec joie, à nous réconcilier entre nous.

Être en Jésus-Christ, c'est être une créature nouvelle. Jésus nous transforme. Son Évangile nous offre de quitter le monde étriqué de nos peurs, de nos égoïsmes, pour entrer dans le monde nouveau de Dieu, son Père et notre Père.

Être en Jésus-Christ, c'est connaître combien Dieu, notre Père, est gratuité, don désintéressé, amour.

Jésus nous révèle le vrai visage du Père. Tout le contraire d'un Dieu méchant, jaloux, mal intentionné. Un père prodigue d'amour ! A cent lieues de tout esprit de comptabilité !

- Est-ce ce visage du Père que ma manière d'être, de penser, de parler et d'agir a soif de faire connaître à mes proches et à mes contemporains ?
- Profiteurs, comme le plus jeune fils de la parabole, ou alors revendicateurs, comme l'aîné, sommes-nous capables de nous laisser «retourner» au plus intime de nous-mêmes par l'amour vrai et juste de notre Père à tous ?
- Avons-nous suffisamment saisi que la vraie justice a pour nom «miséricorde ?»

CÉLÉBRER

Accueillir

- Seigneur Jésus, tu nous as tout révélé de l'amour de Dieu.

  Prends pitié de nous.

- O Christ Jésus, tu nous as appelés à la bonté, à la justice et à la vérité.

  Prends pitié de nous.

- Seigneur Jésus, tu nous offres ton salut.

  Prends pitié de nous.

Seigneur Dieu, ton Fils Jésus est venu en ce monde pour que nous nous tournions vers toi. Il nous révèle ta patience et la générosité de ton accueil. Donne-nous de tellement croire à ton amour et d'aimer ton nom de Père, que notre vie ne soit rien d'autre qu'une marche vers toi.

Supplions le Dieu de tendresse et de bonté :

- pour l'Église entière, pour nos frères et sœurs dans la foi...
- pour les prodigues... Qu'ils retrouvent le chemin de la Maison,
- pour ceux qui sont éprouvés par la vie... Afin qu'ils ne succombent pas au désespoir.

Écouter

Références bibliques
• **Josué 5**, 10-12 • **Psaume 33**, 2-7 • **2 Corinthiens 5**, 17-21 • **Luc 15**, 1-32

Frères, si quelqu'un est en Jésus Christ, il est une créature nouvelle... Dieu nous a réconciliés avec lui par le Christ, et il nous a donné pour ministère de travailler à cette réconciliation... **Nous sommes** donc **les ambassadeurs du Christ**, et par nous c'est Dieu lui-même qui, en fait, vous adresse un appel. Au nom du Christ, nous vous le demandons, **laissez-vous réconcilier avec Dieu**. Celui qui n'a pas connu le péché, Dieu l'a pour nous identifié au péché des hommes, afin que, grâce à lui, nous soyons identifiés à la justice de Dieu.

2 Corinthiens 5

Communier et témoigner

Nous voici arrivés au milieu de ce temps de carême qui nous aide à nous dépouiller de l'inutile et à progresser dans notre foi. La parole nous invite à devenir des ambassadeurs du Christ pour annoncer la Bonne Nouvelle autour de nous. Bonne nouvelle d'être aimés d'un Père qui nous a créés et auquel nous pouvons dire :

« Notre Père... »

Laissons-nous réconcilier avec Dieu. Demandons-lui pardon de tous nos manques de confiance et d'amour. Nous ne serons jamais dignes d'accueillir le don de Dieu, le cadeau du Pain que Jésus veut partager avec nous. L'amour de Dieu, pourtant, est plus grand que nous. En toute confiance, approchons-nous de la table du Seigneur. Recevons la nourriture qui nous fortifiera :

« Le Corps du Christ... »
(temps de communion et de silence)

Pleins de forces nouvelles, reprenons la route pour cette seconde étape du carême. Accompagnons celui qui, sur la croix, nous ouvrira la porte du Royaume.

Ambassadeurs du Christ, réconciliés par lui, accueillons avec joie ceux que nous croiserons sur notre route cette semaine !

Demandons à Dieu de nous bénir, lui qui est Père, Fils et Esprit-Saint.

PRÉPARER ET SE PRÉPARER

Tonalité dominicale

> **« Moi non plus, je ne te condamne pas. Va et désormais ne pèche plus. »**
>
> **Jean 8, 11**

Être juste et bon, en même temps ! Comment donc conjuguer ces deux impératifs sans lesquels il ne saurait y avoir de vrai respect de la vie ? Jésus, dans l'évangile du salut de la femme adultère, nous apprend à connaître la vraie nature du péché. En même temps qu'il nous donne de connaître le vrai prix du pardon authentique. Laissons le Seigneur déposer, aujourd'hui même, en nos cœurs, la semence de sa Parole. Il nous rassasie du pain de sa miséricorde. « Si je n'étais pas venu », dit Jésus, « ils n'auraient pas péché. » Oui, seul l'amour du Christ nous révèle l'horreur de notre péché.

Mentir, voler, commettre l'adultère, autant de comportements parmi tant d'autres, qui minent, en nous, nos talents d'humanité. Autant d'attitudes qui pervertissent nos élans de solidarité. Autant de manières d'être, de penser et d'agir qui nous recroquevillent sur nous-mêmes, nous tiennent sur la défensive, prêts à jeter la première pierre.

Si Jésus nous presse, sans attendre, de dénoncer le péché, jamais il ne nous pousse à lapider le pécheur. Son regard respectueux nous ouvre et nous oriente vers un avenir de vie.

- Où en sommes-nous de notre effort de conversion ?
- Savons-nous, comme Jésus, redonner un avenir à celles et ceux que leur péché condamnait à la mort spirituelle ?

CÉLÉBRER

Accueillir

- Toi dont la Parole fait toutes choses nouvelles.
  Seigneur Jésus, prends pitié de nous.
- Toi dont le regard ne se détourne pas des pécheurs.
  O Christ, prends pitié de nous.
- Toi dont la main nous relève et nous guide.
  Seigneur, prends pitié de nous.

Dieu, tu renouvelles toutes choses par le souffle de ton Esprit-Saint. Fais nous quitter ce qui, en nous, ne peut que vieillir. Fais-nous entrer dans la nouveauté de Jésus-Christ.

Supplions notre Dieu d'envoyer sur le monde, sur l'Église, sur nous-mêmes, l'Esprit qui fait toutes choses nouvelles.

Oui, Seigneur, libère nos mains prisonnières. Guéris notre cœur. Change notre regard.

Écouter

Références bibliques
• **Isaïe 43**, 16-21 • **Psaume 125**, 1-6 • **Philippiens 3**, 8-14 • **Jean 8**, 1-11

Les scribes et les pharisiens lui amènent une femme qu'on avait surprise en train de commettre l'adultère. Ils la font avancer, et disent à Jésus : « Maître, cette femme a été prise en flagrant délit d'adultère. Or, dans la loi, Moïse nous a ordonné de lapider ces femmes-là. Et toi, qu'en dis-tu ? » Comme on persistait à l'interroger, il se redressa et leur dit : « Celui d'entre vous qui est sans péché, qu'il soit le premier à lui jeter la pierre. » Et il se baissa de nouveau pour tracer des traits sur le sol. Quant à eux, sur cette réponse, ils s'en allaient l'un après l'autre, en commençant par les plus âgés. Jésus resta seul avec la femme en face de lui.

Il se redressa et lui demanda : « Femme, où sont-ils donc ? Alors, personne ne t'a condamnée ? » Elle répondit : « Personne, Seigneur. » Et Jésus lui dit : **« Moi non plus, je ne te condamne pas. Va, et désormais ne pèche plus. »**

Jean 8

Communier et témoigner

Tu es, Seigneur, le Dieu de miséricorde. Jésus, ton Fils, a pardonné sa faute à la femme adultère, comme toi, tu nous pardonnes à tout instant nos manques de confiance et d'espérance. Tu nous appelles tes enfants. Dans ton amour infini pour tes créatures, tu nous proposes de te prier ainsi :

« Notre Père... »

Temps de carême, temps de purification, temps de pardon ! Jésus vient au-devant de nos faiblesses, de nos appels au secours, de nos cris de souffrances. Il est là dans l'épreuve de la maladie.

Viens, Seigneur Jésus ! Fortifie-nous par la nourriture de vie que tu nous proposes à tout moment.

Seigneur, nous ne sommes pas dignes de te recevoir, mais dis seulement une parole et nous guérirons de nos manques de confiance et d'amour.

« Voici le Corps du Christ... »
(temps de communion et de silence)

Libérés de nos péchés d'incrédulité et d'égoïsme, nous voici réconfortés par le Pain Vivant. Le temps de Pâques approche où la mort et la résurrection du Christ nous ouvrent le royaume de la plénitude éternelle.

Pleins de confiance, allons, cette semaine, à la rencontre de nos proches. Soyons témoins de la miséricorde de Dieu envers ceux qui nous rendront visite, envers ceux qui nous soignent.

Que le Dieu du pardon nous bénisse. Lui qui est Père, Fils et Esprit-Saint.

PRÉPARER ET SE PRÉPARER

Tonalité dominicale

> **Béni soit celui qui vient, lui, notre Roi, au nom du Seigneur.**
>
> **Luc 19, 38**

Le rameau béni et emporté à la maison nous rappelle la Passion de Jésus. Marie nous apprend à conserver ce drame, comme elle, dans notre cœur. A y discerner la qualité de vie et d'amour de Jésus, son Fils et notre frère.

Jésus va à sa mort de manière courageuse, décidée, résolue, libre. Demandons-lui cette grâce quand nous-mêmes nous sommes appelés à traverser l'épreuve de la maladie, du handicap, du deuil.

Quand, autour de nous, tout se bouscule et nous bouscule, implorons l'Esprit du Seigneur. Qu'il nous aide à demeurer attentifs, calmes, sereins ; capables avec lui de pardonner, de consoler, de rassurer.

« Quand tu seras revenu, affermis tes frères ! » Ces propos de Jésus à Pierre restent d'actualité.

- Saurons-nous rejeter nos erreurs, nos doutes, nos demi-mesures ?
- Saurons-nous résister à nos tentations subtiles et sournoises de pouvoir, de savoir et d'avoir ?
- Saurons-nous revenir à la vraie source de notre vie : Dieu, révélé en Jésus-Christ, manifesté par l'Esprit ?
- Oserons-nous affermir nos frères et sœurs ?
  - Les aider à construire sur le roc de l'Évangile ?
  - Les aider à garder l'humour et l'amour de la vie, au cœur de la tempête des agitations et des questions humainement insolubles ?

CÉLÉBRER

Accueillir

Chrétiens, regardons vers Jésus, notre Sauveur. Avec lui, entrons dans la Semaine Sainte. Portons dans notre prière tous ceux qui souffrent dans leur chair, dans leur cœur, dans leur esprit.

Disciples, mettons nos pas dans les pas de Jésus. Lui, le Sauveur de tous les hommes. Il entre dans la ville comme le roi promis. Il se prépare aussi à mourir pour elle.

Accorde-nous, Seigneur, de reconnaître, dans le récit de ta Passion, avec quelle violence notre péché te rejette et avec quelle humilité tu ne cesses d'aimer les hommes.

Pécheurs, sentons se poser sur nous le regard de Jésus. Accueillons son pardon.

Écouter

Références bibliques
• **Luc 19**, 28-40
• **Isaïe 50**, 4-7
• **Psaume 21**, 8, 17-20, 23-24
• **Philippiens 2**, 6-11
• **Luc 22**, 14 à **23**, 56

Jésus marchait en avant de ses disciples pour monter à Jérusalem... A mesure qu'il avançait, les gens étendaient leurs vêtements sur le chemin.

Déjà Jésus arrivait à la descente du mont des Oliviers, quand toute la foule des disciples, remplie de joie, se mit à louer Dieu à pleine voix pour tous les miracles qu'ils avaient vus : « **Béni soit celui qui vient, lui, notre Roi, au nom du Seigneur.** Paix dans le ciel et gloire au plus haut des cieux. »

Luc 19

Communier et témoigner

Les Rameaux, commémoraison d'un temps de contraste où, tour à tour, Jésus se fait acclamer par le peuple juif, pour, ensuite, être abandonné à ceux qui vont le faire mourir sur une croix.

N'est-ce pas l'image de chacun d'entre nous ? Nous fêtons Dieu quand tout va bien ! Nous le crucifions, souvent, en nous, quand tout va mal.

Dieu, lui, est fidèle. Son amour est présent, aujourd'hui et à jamais. Dans sa tendresse, il nous appelle ses enfants. Oui, nous pouvons lui dire :

« Notre Père... »

« Béni soit celui qui vient, lui, notre Roi... » Il veut partager le Pain de Vie. Il nous donne son Corps. Accueillons-le avec des cris d'allégresse. Il vient nous rejoindre pour rester avec nous.

Voici l'Agneau de Dieu qui enlève le péché du monde. Voici le Béni du Père qui vient à notre rencontre !

« Recevons le Corps du Christ... »
(temps de communion et de silence)

Bénissons le Seigneur, le Roi de l'univers. Poursuivons notre route terrestre, accompagné de celui qui nous a tout donné. Pleins d'allégresse, reprenons courage. Témoignons à ceux qui nous entourent l'amour infini de Dieu.

Demandons-lui de nous bénir. De nous rendre forts. Lui qui est Père, Fils et Esprit-Saint.

PRÉPARER ET SE PRÉPARER

Tonalité festive

> **« Comprenez-vous ce que je viens de faire ?... Si donc moi, le Seigneur et le Maître, je vous ai lavé les pieds, vous aussi, vous devez vous laver les pieds les uns aux autres. »**
>
> **Jean 13, 13-14**

L'Eucharistie est source et sommet de notre vocation de baptisés.

A la Cène, Jésus célèbre, par avance, et sa mort et sa résurrection. Le temps est transcendé en ce Jeudi-Saint. Avec Dieu, le temps devient lieu de passage.

La fuite du temps nous angoisse souvent. Et ce, d'autant plus quand nous vieillissons. Or, au carrefour de chaque Eucharistie nous est offerte la sérénité de l'éternité.

– Oui, là, avec le Christ et en Lui, nous pouvons célébrer, par anticipation, à travers toutes nos morts à nous-mêmes, notre mort biologique dans l'imprévisible même de ce qu'elle sera.

– Oui, là, avec le Christ et en Lui, si nous consentons à renaître à l'esprit de service, à l'esprit du lavement des pieds, nous célébrons notre résurrection.

- Le lavement des pieds : un exemple de Jésus donné à ses disciples et à chacun de nous !
- Le lavement des pieds : une invitation pressante à faire de même aujourd'hui !
- Le lavement des pieds : un exemple d'humilité !
- Le lavement des pieds : un exemple clair et concret à dépasser la gentillesse de rapports civilisés ! Un appel clairvoyant et actuel à consentir à crucifier nos égoïsmes, nos étroitesses de cœur, pour nous donner tout entier au service des autres !

CÉLÉBRER

Accueillir

- Tu as aimé les tiens qui étaient dans le monde et tu les as aimés jusqu'au bout.

  Jésus, Sauveur, prends pitié de nous.

- Au soir de la Cène, tu t'es levé de table et tu as lavé les pieds de tes disciples.

  Jésus, Serviteur, prends pitié de nous.

- Tu as passé de ce monde auprès du Père où tu nous prépares une place.

  Jésus, Ressuscité, prends pitié de nous.

Père Saint, tu nous as laissé la présence vivante de Jésus-Christ dans l'Eucharistie. Jésus est allé jusqu'au bout de l'amour. Que son exemple germe dans notre vie et fasse de nous des serviteurs.

Seigneur, donne à tous les responsables de l'Église et de la société, un véritable esprit de service. Donne-nous d'exercer une vraie charité auprès de nos frères souffrants, isolés, malheureux.

Écouter

Références bibliques
• **Exode 12**, 1-14
• **Psaume 115**, 12, 13, 15-18
• **1 Corinthiens 11**, 13-26
• **Jean 13**, 1-15

Après leur avoir lavé les pieds, il reprit son vêtement et se remit à table. Il leur dit alors : **« Comprenez-vous ce que je viens de faire ? »** Vous m'appelez « Maître » et « Seigneur », et vous avez raison, car vraiment je le suis. « **Si donc moi, le Seigneur et le Maître, je vous ai lavé les pieds, vous aussi vous devez vous laver les pieds les uns aux autres**. C'est un exemple que je vous ai donné afin que vous fassiez, vous aussi, comme j'ai fait pour vous. »

Jean 13

Communier et témoigner

Jeudi Saint, commémoraison de la Sainte Cène, signe parfait de l'amour de Dieu pour tous les hommes. Dieu les a tant aimés qu'il a envoyé son Fils pour rétablir l'Alliance. Lui, le Roi de l'univers, s'est fait serviteur pour que, nous aussi, nous sachions être serviteurs les uns des autres.

Enfants d'un même Père, prions

« Notre Père... »

Jeudi Saint, Jésus nous invite à partager le Pain de Vie, comme il l'a partagé avec ses disciples. Soyons dans la joie !

« Ouvrons nos mains pour recevoir le Corps du Christ... »
(temps de communion et de silence)

« Comprenez-vous ce que je viens de faire ? » Comme il a lavé les pieds à ses disciples, Jésus, Seigneur et Maître, nous invite, nous aussi, à nous mettre au service les uns des autres.

Sachons discerner, tout au long des jours à venir, en quoi servir les autres nous interpelle ! Savoir écouter ! Faire place à l'autre ! Dire du bien de celui qui nous visite ! L'accueillir comme un frère !

Demandons à Dieu de nous aider à rencontrer et à servir notre prochain. Qu'il nous bénisse, lui qui est Père, Fils et Esprit-Saint.

PRÉPARER ET SE PRÉPARER

Tonalité festive

> **Tenons donc ferme l'affirmation de notre foi.**
> **Hébreux 4, 14**

Ne nous trompons pas d'atmosphère ! Le Vendredi Saint est jour de deuil. Jour de la mort du Christ. La liturgie ne gomme pas cette réalité douloureuse de la perte de quelqu'un d'aimé. Toutefois, sans pour autant laisser la tristesse envahir la célébration.

Jésus reste maître des événements. Sachons méditer la Passion du Christ dans un esprit de foi.

- Regardons les souffrances de l'Église et les nôtres avec des yeux qui y voient présent le Christ de gloire, vainqueur du mal.
- Prenons pleinement conscience que nous ne sommes pas les victimes d'une fatalité aveugle.
- Crucifions nos peurs, nos doutes, nos désespoirs. De fait, le mal est déjà vaincu dans ses racines.

• Puisons, en Marie et Jean, le courage de rester debout au pied de nos croix humaines.

La mort est vaincue en ses racines. Loin d'être une impasse, elle demeure une porte ouverte. Loin de conduire au néant, elle nous mène vers le Royaume de Dieu. Elle est passage vers une vie en plénitude. Elle est entrée dans la vie même de Dieu.

CÉLÉBRER

Accueillir

Aujourd'hui, les chrétiens se rassemblent pour :
– contempler Jésus en sa Passion,
– intercéder, en son nom, en vue du salut du monde,
– vénérer la croix qu'il a portée,
– communier à son Corps brisé...

Entrons, avec toute l'Église, dans le grand silence de la prière...

Regardons le Christ en Croix et reconnaissons-nous pécheurs...

Jésus a souffert pour nous. Par ses blessures, il nous guérit. Il nous aime sans mesure.

Seigneur, ton propre Fils s'est livré pour sauver les hommes. Il marche librement vers sa mort. Donne-nous de le suivre. Soutiens-nous comme tu l'as soutenu. Sanctifie-nous dans le mystère de sa Pâque. Aujourd'hui encore, montre-nous ton amour.

Écouter

Tenons donc ferme l'affirmation de notre foi... Avançons-nous donc avec pleine assurance vers le Dieu tout-puissant qui fait grâce, pour obtenir miséricorde et recevoir, en temps voulu, la grâce de son secours.

Références bibliques
• **Isaïe 52**, 13 – **53**, 12 • **Psaume 30**, 2, 6, 12-17, 25 • **Hébreux 4**, 14 – **5**, 9 • **Jean 18**, 1 – **19**, 42

Hébreux 4

Communier et témoigner

Affirmons fermement notre foi au Christ, mort et ressuscité ! Jésus, mort sur la croix, en ce Vendredi Saint, nous invite à dépasser notre propre peur et nos angoisses dans nos épreuves.

Faisons confiance à son Père, Dieu d'amour infini. Inlassablement, il nous fait reprendre goût à l'espérance. Nous sommes enfants d'un même père. Prions-le :

« Notre Père... »

A la suite de Jésus, qui a marché librement vers sa mort, nous crions vers toi, Seigneur. Dans nos ténèbres, nos peurs, nos désarrois, nous avons besoin de forces nouvelles. Toi, Jésus, tu nous invites à recevoir le Pain de Vie qui nous fortifie.

Nous ouvrons nos mains pour te recevoir :

« Le Corps du Christ, mort et ressuscité... »

(temps de communion et de silence)

« Moi, je suis sûr de toi Seigneur,
Je dis : « Tu es mon Dieu ! »
Mes jours sont dans ta main... »

(Psaume 30)

Comme le psalmiste, reprenons courageusement notre propre chemin de vie. Sûrs de ton amour, Seigneur, nous voulons quitter nos ténèbres. Nous nous tournons vers la lumière de la joie pascale qui nous attend.

Avec nos proches... Avec ceux qui nous soignent... Avec ceux qui nous visitent, affirmons notre foi en notre Dieu Créateur, qui nous aime.

Que Dieu nous bénisse et nous fortifie dans notre foi. Il est Père, Fils et Esprit-Saint.

PRÉPARER ET SE PRÉPARER

Tonalité festive

> **Vous savez bien qu'un peu de levain suffit pour que toute la pâte fermente.**
>
> **1 Corinthiens 5**

Chrétiens, laissons-nous pénétrer et vivifier par la vie du Ressuscité, semée en nous depuis notre baptême.

- Ce que nous sommes, devenons-le de jour en jour davantage.
- Ce que nous avons reçu, faisons-le fructifier.
- Veillons à tenir les promesses de notre baptême.

Jésus est entré dans une vie totalement nouvelle. Par sa résurrection, il n'est plus soumis aux limites du temps, de l'espace, de l'opacité, de la pesanteur.

Nous nous épuiserions, en vain, à chercher à contrôler scientifiquement l'événement de la résurrection.

Seule, notre foi nous donnera d'accéder au mystère divin de la résurrection. Seule, notre espérance saura nous encourager à traverser l'épreuve du doute. Seule, notre charité saura faire de nous des ressuscités, pressés d'annoncer la Bonne Nouvelle d'un monde nouveau.

CÉLÉBRER

Accueillir

- Seigneur Jésus, Agneau pascal, immolé pour nos péchés,
- Seigneur Jésus, Témoin fidèle jusqu'au sang versé,
- Seigneur Jésus, Premier-né d'entre les morts,
- Seigneur Jésus, Compagnon de nos routes humaines,

Kyrie eleison

Dieu, notre Père, aujourd'hui-même, tu nous ouvres les portes de la vie éternelle. Nous fêtons la résurrection de ton Fils, sorti vainqueur de la mort.

Que ton Esprit-Saint fasse de nous des hommes

nouveaux. Que nous ressuscitions, avec le Christ, dans la lumière de la vie.

A tous ceux qui souffrent dans leur corps, leur cœur, leur esprit, accorde, Seigneur, le réconfort d'une présence fraternelle.

Écouter

Références bibliques
• **Actes 10**, 34-43 • **Psaume 117**, 2, 4, 16, 17, 22, 23 • **1 Corinthiens 5**, 6-8 • **Jean 20**, 1-9

Vous savez bien qu'un peu de levain suffit pour que toute la pâte fermente. Purifiez-vous donc des vieux ferments, et vous serez une pâte nouvelle, vous qui êtes comme le pain de la Pâque, celui qui n'a pas fermenté.

1 Corinthiens 5

Communier et témoigner

Saint Paul nous invite, en ce jour de fête, à devenir une pâte nouvelle. A devenir droiture et vérité ! Relevons la tête ! Christ est ressuscité ! Il nous montre le chemin vers son Père. Le chemin de la joie éternelle !

Avec lui, prions :

« Notre Père... »

Pour devenir levain dans la pâte, nous avons besoin de forces nouvelles. Jésus, Christ ressuscité, nous invite à la fête. En ce jour de Pâques, il nous reçoit à sa table. Il nous donne de prendre part au festin de sa vie en plénitude. Il nous partage son Pain, source d'espérance. Humblement, approchons-nous. Ouvrons nos mains :

« Recevons le Corps du Christ... »

(temps de communion et de silence)

Nous le savons : Christ est vraiment ressuscité ! A la joie pascale des chrétiens d'aujourd'hui, associons nos propres motifs d'espérance et de confiance en notre avenir.

Avec tous ceux qui partagent nos joies et nos peines, tournons-nous vers Dieu, notre Père, qui nous ouvre ses bras.

Réjouissons-nous ! Christ est vraiment ressuscité !

Que Dieu, Père, Fils et Esprit-Saint nous bénisse et nous garde dans la joie pascale.

Ce jour que fit le Seigneur est un jour de joie ! Alléluia !

PRÉPARER ET SE PRÉPARER

Tonalité dominicale

> **« La paix soit avec vous ! De même que le Père m'a envoyé moi aussi je vous envoie. »**
>
> **Jean 20, 21**

Jésus-Christ, mort et ressuscité, nous révèle dans la vérité de son incarnation et de sa résurrection quelle est notre destinée.

Pâques, c'était hier ! Pâques, c'est aujourd'hui, dans notre vie quotidienne de baptisés ! Pâques, c'est demain, pour tout l'univers créé !

« La paix soit avec vous » ! Tel est le message permanent du ressuscité. Sa bonne nouvelle, toujours, pacifie. Sans cesse, elle invite à la rencontre des autres. A devenir nous-mêmes semeurs de sérénité et de joie ! A délivrer les consciences de ce qui les inquiète, les tourmente, les torture, parfois.

« Le Corps du Christ » ! « Amen ! »

- Avons-nous remarqué le lien absolu qui existe entre l'Eucharistie et la Résurrection ?

- A quoi songeons-nous quand nous répondons « Amen » au Corps du Christ qui nous est présenté et déposé sur la main ou sur la langue ?
- Sommes-nous conscients qu'il s'agit du Christ ressuscité, aujourd'hui vivant et présent dans les signes visibles du pain et du vin consacrés ?
- Dieu aurait-il fait un monde où il y a la mort ? Aurait-il créé notre monde mortel sans avoir eu, dès le premier instant, l'intention de le ressusciter ?

La Création a pour visée l'Incarnation. L'Incarnation a pour but la Résurrection. Voilà notre foi ! Voilà notre joie pascale !

CÉLÉBRER

Accueillir

- Seigneur Jésus, envoyé par le Père pour nous faire passer de la mort à la vie.

Kyrie éleison.

- O Christ, venu dans le monde pour nous donner la paix de Dieu.

Kyrie éleison.

- Seigneur, élevé dans la gloire du Père, pour nous renouveler par le souffle de l'Esprit.

Kyrie éleison.

Dieu de Jésus-Christ, ne laisse pas les portes de notre cœur se fermer par incrédulité. Ouvre-les toutes grandes à la présence de ton Fils. En ce premier jour de la semaine, Jésus vient au milieu de nous. Il nous remplit de sa paix et de sa joie.

Prions le Seigneur :

- pour l'Église universelle... Qu'elle ouvre ses portes à tous ceux qui cherchent,
- pour tous ceux dont l'avenir semble difficile : les peuples affamés, les victimes des guerres, les jeunes sans emploi, les malades... Qu'ils trouvent en Jésus-Christ un chemin de vie et d'espérance,
- pour ceux dont la foi chancelle... Qu'ils rencontrent sur leur route des chrétiens dont le témoignage les entraîne.

Écouter

Références bibliques
• **Actes 5**, 12-16
• **Psaume 117**, 1-4, 22-29
• **Apocalypse 1**, 9-19
• **Jean 20**, 19-31

C'était après la mort de Jésus, le soir du premier jour de la semaine. Les disciples avaient verrouillé les portes du lieu où ils étaient, car ils avaient peur des Juifs. Jésus vint, et il était là au milieu d'eux. Il leur dit : « La paix soit avec vous ! » Après cette parole, il leur montra ses mains et son côté. Les disciples furent remplis de joie en voyant le Seigneur.

Jésus leur dit de nouveau : **« La paix soit avec vous ! De même que le Père m'a envoyé, moi aussi, je vous envoie. »** Ayant ainsi parlé, il répandit sur eux son souffle et il leur dit : Recevez l'Esprit-Saint...

Jean 20

Communier et témoigner

Nous baignons encore dans la joie pascale. La joie du Ressuscité ! Et voici qu'il se manifeste à ses disciples et les invite à recevoir la paix dans leur cœur. C'est avec ce sentiment de joie paisible que nous nous adressons à notre Créateur, en enfants remplis d'amour pour lui. Nous lui disons :

« Notre Père... »

Jésus dit à Thomas : « Ne sois pas incrédule, mais croyant. » Avec foi, croyons à la présence du Fils de Dieu en ce Pain consacré. Seigneur, nous ne sommes pas dignes de te recevoir. Notre foi est souvent vacillante. Dis seulement une parole et nous serons guéris.

« Accueillons le Corps du Christ... »
(temps de communion et de silence)

« De même que le Père m'a envoyé, moi aussi je vous envoie. » Nous voici appelés à être missionnaires de la Parole de Dieu. Forts de la présence de Jésus en nous, reprenons la route de la vie en plénitude. Partageons avec parents et amis, avec tous ceux que nous rencontrerons, cette paisible certitude que Dieu est tout proche. Qu'il nous envoie annoncer son message au monde entier.

Que Dieu bénisse nos résolutions. Lui qui est Père, Fils et Esprit-Saint.

PRÉPARER ET SE PRÉPARER

Tonalité dominicale

> **« Oui, Seigneur, je t'aime, tu le sais. »**
> **Jean 21, 15**

« M'aimes-tu ? » Croire en Jésus ressuscité, c'est lui confesser, aujourd'hui même, comme Pierre, hier, ce « Oui, Seigneur, je t'aime, tu le sais ».

Jean, l'évangéliste, se définit lui-même comme « celui que Jésus aimait. » Celui qui se sait aimé, sait reconnaître celui qui l'aime. Et ce, à maints détails apparemment insignifiants. Songeons aux clins d'œil d'amoureux ou d'amis de longue date ! Oui, l'amour ouvre les yeux de la foi.

Croire, c'est d'abord faire confiance à quelqu'un. Croire est répondre à l'amour de quelqu'un qui nous invite. Croire, c'est nous engager envers une personne qu'on respecte et affectionne. Croire en Dieu, c'est entrer en alliance avec lui. C'est le fréquenter régulièrement et ainsi, à force de choisir librement de vivre avec lui, découvrir, avec joie, l'insondable mystère de son amour pour nous.

« Pierre m'aimes-tu ? »

- Mettons notre prénom de baptême à la place de « Pierre ! »
- Est-ce que cela me donne aussitôt d'entendre Jésus me confier des responsabilités ?
- Prenons le temps de réfléchir à la confiance que le Seigneur nous témoigne...
- Mesurons, avec lucidité, nos responsabilités présentes : famille, profession, relations...

CÉLÉBRER

Accueillir

- Jésus, ressuscité, renouvelle notre foi.

  Prends pitié de nous.

- Jésus, ressuscité, fortifie notre espérance.

  Prends pitié de nous.

- Jésus, ressuscité, intensifie notre amour.

  Prends pitié de nous.

En relevant Jésus d'entre les morts, Dieu, notre Père, tu as fait briller en notre nuit l'aube d'un jour nouveau.

Accorde-nous de reconnaître sa présence de Ressuscité sur nos visages d'hommes. Donne-nous de le suivre.

Seigneur, nous te prions :
- avec notre Pape, notre Évêque,
- avec tous ceux que tu appelles à « jeter le filet »,
- avec nos frères et sœurs chrétiens qui vivent et annoncent ton Évangile au péril de leur liberté ou de leur vie,
- avec les hommes et les femmes plongés dans la nuit de l'épreuve, de la maladie et du deuil.

Écouter

Références bibliques
• **Actes 5**, 27-41 • **Psaume 29**, 3-6, 11-13 • **Apocalypse 5**, 11-14 • **Jean 21**, 1-19

Jésus dit à Simon-Pierre : « Simon, fils de Jean, m'aimes-tu plus que ceux-ci ? » Il lui répond : « Oui, Seigneur, je t'aime, tu le sais. » Jésus lui dit : « Sois le berger de mes agneaux. » Jésus lui dit une deuxième fois : « Simon, fils de Jean, m'aimes-tu ? » Il lui répond : **« Oui, Seigneur, je t'aime, tu le sais. »**

Jésus lui dit : « Sois le pasteur de mes brebis. » Il lui dit, pour la troisième fois : « Simon, fils de Jean, est-ce que tu m'aimes ? » Pierre fut peiné parce que pour la troisième fois, il lui demandait : « Est-ce que tu m'aimes ? » et il répondit : « Seigneur, tu sais tout, tu sais bien que je t'aime. » Jésus lui dit : « Sois le berger de mes brebis. »

Jean 21

Communier et témoigner

Merveilleux dialogue entre Jésus et Simon-Pierre !

Par trois fois, Jésus interroge Simon, fils de Jean : « Simon, m'aimes-tu ? » Et Simon-Pierre de lui répondre : « Oui, Seigneur, je t'aime, tu le sais. »

Saurons-nous, à notre tour, reconnaître l'amour infini de Dieu pour nous ? Nous adresser avec cette même relation d'amour à celui qui est notre Père ?

Pleins de joie, prions-le :

« Notre Père... »

La relation d'amour entre Dieu et les hommes, voici qu'aujourd'hui Jésus nous la propose. Il nous invite à sa table. Nous nous sentons bien peu dignes de nous asseoir à cette table où Jésus veut nous partager le Pain de la Vie éternelle.

Humblement, ouvrons nos mains :

« Recevons le Corps du Christ... »
(temps de communion et de silence)

« Oui, Seigneur, je t'aime, tu le sais. » A l'exemple de Pierre, laissons déborder notre cœur.

Que mon cœur ne se taise pas,
Qu'il soit en fête pour toi ;
Et que sans fin, Seigneur, mon Dieu
je te rende grâce ! (Psaume 29)

Sortons des ténèbres des épreuves qui sont les nôtres pour accueillir la lumière de Dieu dans notre cœur. Qu'elle illumine nos rencontres avec nos proches de cet amour dont les hommes ont tant besoin.

Que le Dieu d'amour nous bénisse. Lui qui est Père, Fils et Esprit-Saint.

PRÉPARER ET SE PRÉPARER

Tonalité dominicale

> **Oui, le Seigneur est bon, éternel est son amour,**
> **sa fidélité demeure d'âge en âge.**
>
> **Psaume 99, 5**

Dieu est bon. Sa fidélité n'est pas un vain mot. En Jésus, son Fils, il se manifeste à nous comme le bon Pasteur. En cette journée mondiale des vocations, ne manquons pas de le supplier de susciter, au milieu de son peuple, des prêtres, pasteurs selon son cœur.

- Pasteurs, appelés à rassembler et guider son peuple.
- Pasteurs, ministres de son Eucharistie.
- Pasteurs, dispensateurs de sa miséricorde.
- Pasteurs, consolateurs des éprouvés et guides des déroutés.
- Pasteurs, chercheurs infatigables, à la lumière de l'Esprit-Saint, des orientations de la société contemporaine, des besoins spirituels les plus profonds, des réponses propices aux attentes humaines les plus légitimes.

• Pasteurs, témoins vivants et contagieux du primat de l'être sur l'avoir.

Le cœur de Dieu se révèle pleinement à nous dans le cœur du Christ Bon Pasteur.

* Restons-nous convaincus que son cœur demande à battre en d'autres cœurs – ceux des prêtres ?
* Ne sont-ils pas légions, ceux qui éprouvent le besoin de sortir de l'anonymat, de la peur, du bruit, de l'isolement ? Ceux qui espèrent être appelés et reconnus par leur nom ? Ceux qui tentent de marcher avec confiance sur les sentiers de la vie ?
* Saurons-nous, à la suite du Christ, Bon Pasteur, leur ouvrir le chemin de la vérité et de la vie ?

CÉLÉBRER

Accueillir

• Bon Pasteur, toi qui donnes ta vie pour tes brebis.
Seigneur, prends pitié de nous.

• Bon Pasteur, toi qui nous connais comme un père.
O Christ, prends pitié de nous.

• Bon Pasteur, toi qui rassemble tous tes frères.
Seigneur, prends pitié de nous.

Père, toi qui es plus grand que tout, tu nous as confiés à ton Fils comme les brebis à leur Pasteur.

Fais-nous connaître sa voix parmi les bruits du monde. Que sa parole nous révèle le chemin qui mène vers toi, Dieu de vie.

Faisons monter notre prière vers Dieu qui exauce ses enfants.

- pour que l'Esprit-Saint donne aux familles de devenir un lieu où se vit vraiment l'expérience de Dieu,
- pour que l'Esprit-Saint fasse de nous, là où nous vivons, des témoins de l'amour de Dieu.

Écouter

Références bibliques
• **Actes 13**, 14-52
• **Psaume 29**, 1-4, 8
• **Apocalypse 7**, 9-17
• **Jean 10**, 27-30

Acclamez le Seigneur, terre entière, servez le Seigneur, dans l'allégresse, venez à lui avec des chants de joie !

Reconnaissez que le Seigneur est Dieu : il nous a faits, et nous sommes à lui, nous, son peuple, son troupeau.

Oui, le Seigneur est bon, éternel est son amour, sa fidélité demeure d'âge en âge.

Psaume 99

Communier et témoigner

Nous sommes dans la main de Dieu. Jésus, le bon Pasteur, nous connaît. Il nous appelle chacun par notre nom.

« Le Père et moi, nous sommes un. » Jésus, notre frère, nous invite à nous adresser à lui comme à un père aimant qui nous écoute. Nous lui disons :

« Notre Père... »

Jésus disait aux Juifs : « Je connais mes brebis... Jamais elles ne périront... Personne ne les arrachera de ma main... »

A nous aussi, il veut donner la vie éternelle. Il nous invite au repas des noces. Il est la nourriture qui nous fait vivre.

Voici l'Agneau de Dieu qui enlève le péché du monde :

« Le Corps du Christ pour la vie éternelle... »

(temps de communion et de silence)

« Oui, le Seigneur est bon, éternel est son amour, sa fidélité demeure d'âge en âge. »

Le psalmiste nous invite à reconnaître un Dieu de bonté, d'amour et de fidélité. Saurons-nous, à notre tour, cultiver ces richesses dans notre cœur ? Les partager avec tous ceux qui nous sont proches ?

Demandons à Dieu de nous aider à être des témoins de sa Parole.

Qu'il nous bénisse. Lui qui est Père, Fils et Esprit-Saint.

PRÉPARER ET SE PRÉPARER

Tonalité dominicale

> **« Ce qui montrera à tous les hommes que vous êtes mes disciples, c'est l'amour que vous aurez les uns pour les autres. »**
>
> **Jean 13, 35**

Le risque existe de banaliser le commandement de l'amour. Ne le simplifions pas trop. Ne dénaturons pas l'appel du Christ. Ne le réduisons pas à une obligation pure et simple, vide de toute intériorité.

Dans la marée des atrocités, combien il nous est parfois difficile de croire. Jésus, sa vie durant, a vécu d'amour. Au gré des jours, en famille comme avec ses disciples, des difficultés ont surgi. Il nous révèle son secret ultime, sa Loi Nouvelle : l'amour fraternel. « Comme je vous ai aimés, aimez-vous les uns les autres. » Jésus nous invite à aimer comme lui.

- Serons-nous capables de reconnaître le visage de Jésus tuméfié, marqué par la douleur, secrètement empreint d'amour glorieux, en ce visage ridé de l'agonisant, en cet accidenté méconnaissable, en ce jeune suicidaire ?
- Communauté chrétienne, saurons-nous manifester davantage de chaleur dans l'accueil bienveillant des mal-aimés, des isolés, des paumés ?
- Saurons-nous leur épargner ainsi de fuir, désespérés, dans les paradis artificiels des drogues ou des sectes ?

CÉLÉBRER

Accueillir

- Seigneur Jésus, par ta Résurrection d'entre les morts, tu as inauguré un monde nouveau.
  Prends pitié de nous.
- O Christ, par ta Parole, tu affermis notre foi et ravives notre espérance.
  Prends pitié de nous.
- Seigneur, par le Pain de l'Eucharistie, tu nourris notre amour pour nos frères.
  Prends pitié de nous.

Dieu, tu as envoyé ton Fils pour faire surgir du neuf en ce monde, vieilli par le péché. Transforme-nous par ton Esprit d'amour. Que nos pensées deviennent tes pensées. Nous aurons, pour nos frères et pour toi, un même amour.

Seigneur, tiens-nous en communion d'esprit et de cœur

- avec nos frères et sœurs chrétiens,
- avec les apôtres, les martyrs d'aujourd'hui,
- avec ceux qui connaissent la maladie et le deuil.

Fais de nous des signes de ton amour !

Écouter

Références bibliques
• **Actes 14**, 21-27 • **Psaume 144**, 8-13 • **Apocalypse 21**, 1-5 • **Jean 13**, 31-35

« Mes petits enfants, je suis encore avec vous, mais pour peu de temps. Je vous donne un commandement nouveau : c'est de vous aimer les uns les autres. Comme je vous ai aimés, vous aussi, aimez-vous les uns les autres. **Ce qui montrera à tous les hommes que vous êtes mes disciples, c'est l'amour que vous aurez les uns pour les autres.** »

Jean 13

Communier et témoigner

« Comme je vous ai aimés, vous aussi aimez-vous les uns les autres. » Reconnaître que Dieu nous aime, c'est aussi savoir que, dans l'épreuve, la maladie, nous ne sommes plus jamais seuls.

Nous sommes de la famille de Dieu. Il nous appelle ses enfants. Jésus nous invite à le prier :

« Notre Père... »

Par sa mort et sa résurrection, Jésus nous a donné la plus grande preuve d'amour. Par l'Eucharistie qu'il nous propose, il veut renouveler ce geste d'amour infini envers les hommes, tout au long des temps à venir. Il nous invite, aujourd'hui même, à sa table.

Seigneur, nous ne sommes pas dignes de cet amour infini que tu nous témoignes, mais, pleins de confiance, nous nous approchons de ta table.

« Nous ouvrons nos mains pour recevoir le Corps du Christ... »

(temps de communion et de silence)

Le psalmiste, aujourd'hui, nous dit aussi :
« Le Seigneur est tendresse et pitié,
Lent à la colère et plein d'amour ;
La bonté du Seigneur est pour tous,
Sa tendresse, pour toutes ses œuvres. » (Psaume 144)

Tendresse, pitié, amour, bonté ! Tout un programme, pour nous, cette semaine. Nous voulons le partager autour de nous.

Que le Seigneur nous bénisse. Lui qui est Père, Fils et Esprit-Saint.

Allons, pleins d'amour, à la rencontre de nos proches !

PRÉPARER ET SE PRÉPARER

Tonalité dominicale

> **« Si quelqu'un m'aime, il restera fidèle à ma parole ; mon Père l'aimera... Nous irons demeurer auprès de lui. »**
>
> **Jean 14, 23**

Depuis Adam et Ève, Dieu et l'homme avaient chacun leur demeure. Somme toute, bien séparée. Ils étaient loin de vivre sous le même toit !

Avec Jésus, l'humanité peut réintégrer la communauté et la communion qui est en Dieu. Oui, la vie commune, sous un même toit, dans une même demeure, peut reprendre. N'est-ce pas le sens profond du mystère de notre baptême ?

« Seigneur, je ne suis pas digne de te recevoir, mais dis seulement une parole et je serai guéri. »

Laissons Dieu venir faire, aujourd'hui, sa demeure chez nous. Laissons-le nous habiter. Laissons-le apaiser nos tumultes.

L'Esprit est venu sur nous, sur l'Église. Il est à l'œuvre dans nos cœurs, parfois paralysés par toutes sortes d'inquiétudes, d'angoisses, de désespérances.

- Savons-nous sans cesse l'appeler ?
- Consentons-nous à ce qu'il fasse craquer nos barrières, nos exclusivismes, nos peurs ?
- Avons-nous l'impression quelquefois de perdre Jésus ? L'Esprit ne nous le fera-t-il pas trouver dans nos frères ? Là même où le Seigneur nous attend au rendez-vous de l'amour ?

CÉLÉBRER

Accueillir

- Seigneur Jésus, tu es venu faire chez nous ta demeure.

  Prends pitié de nous.

- O Christ, tu nous envoies l'Esprit qui nous guide sur le chemin.

  Prends pitié de nous.

- Seigneur, tu veux nous rassembler dans la paix de ton amour.

  Prends pitié de nous.

Père très bon, toi qui veux rassembler ce qui est dispersé, renouveler ce qui est desséché, guérir ce qui est meurtri, nous te prions. Rends-nous dociles au souffle de l'Esprit. Nous annoncerons ton projet d'amour et de paix pour nos familles et pour le monde.

Donne la paix, Seigneur,

- à ton Église répandue par toute la terre,
- aux peuples déchirés par les guerres sans fin,
- à ceux qui sont confrontés à la souffrance ou au deuil.

Écouter

Références bibliques
• **Actes 15**, 1-29 • **Psaume 66**, 2-6 • **Apocalypse 21**, 10-23 • **Jean 14**, 23-29

A l'heure où Jésus passait de ce monde à son Père, il disait à ses disciples : « **Si quelqu'un m'aime, il restera fidèle à ma parole ; mon Père l'aimera**, nous viendrons chez lui, **nous irons demeurer auprès de lui...** »

Le Défenseur, l'Esprit-Saint que le Père enverra en mon nom, lui, vous enseignera tout, et il vous fera souvenir de tout ce que je vous ai dit.

Jean 14

Communier et témoigner

Aimer Dieu, c'est être fidèle à sa Parole. Dans la fidélité à la Parole de Dieu, nous sortirons de notre solitude. Nous pourrons traverser notre épreuve. Jésus nous le confirme : « Nous irons demeurer auprès de lui. » Un père abandonne-t-il ses enfants ? Dieu est vraiment père de tous les hommes. En toute confiance, nous lui disons :

« Notre Père... »

Jésus dit aussi : « Je m'en vais et je reviens vers vous. » Il nous invite à le recevoir chez nous, à faire de nous sa demeure. Il est le Pain de Vie, nourriture sur la route vers le Royaume.

Seigneur Jésus, nous ne sommes pas dignes de te recevoir, mais dis seulement une parole et nous serons guéris :

« Voici l'Agneau de Dieu, le Pain de Vie... »
(temps de communion et de silence)

Dieu demeure en nous. Quittons nos peurs et nos ténèbres. Faisons confiance à la vie. Portons nos regards devant nous. Allons à la rencontre de nos frères en humanité : proches, amis et soignants. Partageons avec eux l'espérance du Royaume à venir. Vivons dans la paix du Ressuscité.

Demandons à Dieu de nous bénir. Lui qui est Père, Fils et Esprit-Saint.

PRÉPARER ET SE PRÉPARER

Tonalité festive

> **Avançons-nous donc vers Dieu avec un cœur sincère... Continuons sans fléchir d'affirmer notre espérance, car il est fidèle, celui qui a promis.**
> **Hébreux 10, 22-23**

L'Ascension évoque spontanément le matériel de l'alpiniste, prêt à escalader le Mont Blanc, l'Éverest ou quelqu'autre sommet ! L'image de l'Ascension exprime les aspirations essentielles des hommes. Songeons à la « montée » des peuples en voie de développement ! Évoquons la « hausse du niveau de vie » ! Pensons à la « promotion sur l'échelle sociale » ! Sans compter, au hit parade des sondages, ceux qui rêvent de voir « grimper » la cote de leur popularité !

L'Ascension est le départ nécessaire du Christ. Plus possible, aux heures décisives, d'interroger le Christ, afin qu'il nous dise ce qu'il convient de faire ! Désormais, à nous de l'interroger dans la prière. Sa réponse n'ôtera pas la responsabilité de nos options, de nos décisions, de nos actes. L'Esprit-Saint les inspire. Dieu n'écrit pas lui-même notre histoire. Y consentirait-il qu'il nous condamnerait à rester des enfants, des mineurs !

L'Ascension signe un choix irrévocable de Dieu. Il part pour mieux nous laisser advenir à notre responsabilité d'adultes, libres, intelligents, courageux et créatifs.

CÉLÉBRER

Accueillir

- Seigneur Jésus, ressuscité d'entre les morts, tu es avec nous tous les jours. Ouvre nos yeux aux signes de ta présence.

  Prends pitié de nous.

- O Christ, élevé dans la gloire du Père, tu es avec nous tous les jours. Ouvre nos cœurs à la joie de ta présence.

  Prends pitié de nous.

- Seigneur Jésus, toi qui nous envoies l'Esprit-Saint, tu es avec nous tous les jours. Ouvre nos oreilles à l'annonce de ta présence.

  Prends pitié de nous.

Dieu que nos yeux n'ont jamais vu, tu nous as envoyé ton propre Fils. Prends soin de nous maintenant que lui aussi échappe à nos regards. Affermis notre foi jusqu'au jour où nous te verrons face à face. Jésus est entré dans le ciel pour se tenir devant la face de Dieu. Prions-le avec confiance :

- pour l'Église dans le monde. Qu'elle donne toujours plus un témoignage de service et de fraternité,
- pour tous les ministres de l'Évangile. Que l'Esprit les éclaire et leur donne sa force,
- pour les malades, les personnes âgées, pour tous ceux qui souffrent. Que Dieu leur montre son amour.

Écouter

Références bibliques
• **Actes 1**, 1-11 • **Psaume 46**, 2, 3, 6-9 • **Hébreux 9**, 24-**10**, 23 • **Luc 24**, 46-53

Avançons-nous donc vers Dieu avec un cœur sincère, et dans la certitude que donne la foi, le cœur purifié de ce qui souille notre conscience, le corps lavé par une eau pure. **Continuons sans fléchir d'affirmer notre espérance, car il est fidèle, celui qui a promis.**

Hébreux 10

Communier et témoigner

« Il se sépara d'eux et fut emporté au ciel. »

Sommes-nous donc devenus orphelins, depuis que Jésus est monté vers son Père ? Sommes-nous donc abandonnés puisqu'il n'est plus visible à nos yeux ? Non, bien sûr ! « Je suis avec vous tous les jours, dit le Seigneur, jusqu'à la fin des temps. » Pleins de confiance, en cette présence mystérieuse de Jésus, notre frère, nous pouvons aujourd'hui nous adresser à son Père et le prier :

« Notre Père... »

« Continuons sans fléchir d'affirmer notre espérance, car il est fidèle, celui qui a promis. »

Fidèle à sa promesse, Jésus nous invite à sa rencontre chaque jour de notre vie. Bien plus, il nous invite à partager le repas de la vie éternelle.

Par le Pain Eucharistique que nous allons recevoir, il vient demeurer chez nous.

Seigneur, nous n'en sommes pas dignes, mais tu nous dis d'avoir confiance en ta Parole :

« Nous ouvrons nos mains pour recevoir
le Corps du Christ »...
(temps de communion et de silence)

« Avançons-nous donc vers Dieu avec un cœur sincère » et Dieu viendra habiter chez nous. Remplis de sa présence, nous pourrons, « sans fléchir, affirmer notre espérance. » Avec un regard nouveau, nous accueillerons tous ceux qui croiseront notre route.

Bénissons le Seigneur. Demandons-lui, à son tour, de nous bénir. Lui qui est Père, Fils et Esprit-Saint !

PRÉPARER ET SE PRÉPARER

Tonalité dominicale

Celui qui a soif, qu'il approche. Celui qui le désire, qu'il boive l'eau de la vie, gratuitement.
Apocalypse 22, 17

Avons-nous soif de mieux connaître Jésus ? D'entendre le projet de son cœur sur l'humanité ?

« Que tous soient un ! » Tel est l'ardent souhait qui le brûle au plus secret de lui-même. N'est-ce pas, à juste raison, le nôtre ?

Et pourtant, tout autour de nous, nous ne cessons d'être des témoins démunis des kyrielles de conflits, de brisures, de haines, de souffrances, de drames.

L'unité désirée et prêchée par Jésus n'est pas à confondre avec une vague sentimentalité à l'eau de rose. Elle réside dans un dépassement de l'humain. Elle s'enracine en Dieu. Elle ne gomme pas les différences. Elle ne plaide pas pour la fusion. Elle appelle la communion, faite de la saveur et de la couleur de nos légitimes diversités. L'unité nous oriente toujours vers le respect des autres. Elle est l'œuvre de l'Esprit qui en est l'architecte avisé.

- Ne nous sentons-nous pas, parfois, désunis à l'intérieur de nous-mêmes ? Tiraillés, en tous sens, par des désirs contradictoires ?
- Notre soif n'est-elle pas de tenter, par des techniques appropriées, de résoudre par nous-mêmes des tensions qui nous écartèlent ?
- Notre soif spirituelle nous pousse-t-elle à nous approcher de la source d'eau vive qu'est Dieu ?

CÉLÉBRER

Accueillir

- Seigneur Jésus, envoyé par le Père, pour nous rassembler dans l'unité.

  Kyrie eleison.

- O Christ, venu faire jaillir la lumière en notre nuit.

  Kyrie eleison.

- Seigneur, élevé dans la gloire du Père, pour nous envoyer l'Esprit-Saint.

  Kyrie eleison.

Dieu, notre Père, rassemble-nous dans l'unité. Rends-nous accueillants à ta parole. Donne-nous de toujours mieux connaître ton nom. Que ton amour grandisse parmi les hommes.

- Que les chrétiens de toute confession recherchent ardemment les chemins de l'unité.
- Que les membres d'une même famille arrivent à se pardonner, à oublier le passé pour contribuer à une plus grande unité.
- Que nous tous, malades et bien-portants, nous grandissions dans la charité fraternelle.

Écouter

Références bibliques
• **Actes 7**, 55-60 • **Psaume 96**, 1, 2, 6, 7b, 9 • **Apocalypse 22**, 12-20 • **Jean 17**, 20-26

Moi, Jean, j'ai entendu une voix qui me disait : « Voici que je viens sans tarder, et j'apporte avec moi le salaire que je vais donner à chacun selon ce qu'il aura fait. Je suis l'alpha et l'oméga, le premier et le dernier, le commencement et la fin...

Celui qui a soif, qu'il approche. Celui qui le désire, qu'il boive l'eau de la vie, gratuitement.

Apocalypse 22

Communier et témoigner

Dans l'épreuve, la maladie, la souffrance, nous avons soif d'un peu de répit, d'un peu de paix.

Toi, Seigneur notre Dieu, tu nous tends les bras. Tu nous appelles tes enfants. Nous te prions :

« Notre Père... »

Boire l'eau de la vie, gratuitement ! Manger le Pain de Vie que Jésus nous tend ! Reprendre goût à la vie ! Jésus nous invite à sa table. Il vient nous rejoindre dans l'épreuve et devient notre compagnon de route.

Merci, Seigneur, de nous inviter à ton repas. Nous n'en sommes pas dignes. Tu nous guéris de nos peurs et de nos angoisses.

« Voici l'Agneau de Dieu, le Pain de Vie... »
(temps de communion et de silence)

- La gratuité du don de Dieu !
- L'invitation à être un avec Jésus !
- L'amour infini d'un Dieu Père !
- Le souffle de l'Esprit !

Autant de raisons de reprendre goût à l'espérance !

Forts de la promesse de Dieu, la joie au cœur, reprenons courage et confiance pour traverser l'épreuve.

Avec un regard nouveau, allons à la rencontre de nos frères et sœurs. Partageons, avec eux, le don gratuit de l'amour.

Que le Dieu de la gratuité nous bénisse et nous garde. Lui qui est Père, Fils et Esprit-Saint.

PRÉPARER ET SE PRÉPARER

Tonalité festive

> **Tous ceux qui se laissent conduire par l'Esprit de Dieu, ceux-là sont fils de Dieu.**
> **Romains 8, 14**

Filles et fils de Dieu, nous le sommes, si nous consentons, de plein gré, à nous laisser conduire par l'Esprit de Dieu.

L'Esprit, reçu à notre baptême et à notre confirmation, éclaire nos décisions. Il encourage nos actions. Il projette la lumière de Dieu, notre Père, sur la Bonne Nouvelle de Jésus-Christ, son Fils et notre frère.

Sa présence effective et efficace appelle, de notre part, une familiarité et un approfondissement soutenus des Écritures Saintes. Choix et attitudes qui nous donneront, alors, d'en découvrir les richesses.

L'Esprit nous envoie en mission. Il nous dépêche auprès des hommes et des femmes de notre temps... Au loin... Au sein de nos familles...

- Saurons-nous être témoins de la joie évangélique ?

- Saurons-nous donner le goût du bonheur, auquel nous convie l'Esprit-Saint ?

L'Esprit-Saint nous donne un souffle de vie. Il est vivifiant, dynamique, constructeur d'avenir.

- N'oublions jamais combien toute Pentecôte porte à des engendrements, à des maternités ou paternités aux dimensions insoupçonnées.
- N'oublions jamais combien l'Esprit-Saint sait susciter en nous des prières brèves, souvent inattendues. Prières qui sourdent de nos cœurs brûlants ! Prières qui s'en vont droit au cœur de Dieu !

CÉLÉBRER

Accueillir

- Nous qui sommes pécheurs, donne-nous ton Esprit. Que nos péchés soient pardonnés.

  Seigneur, prends pitié.

- Nous qui sommes divisés, donne-nous ton Esprit. Que nous formions un seul corps.

  O Christ, prends pitié.

- Nous qui sommes repliés sur nous-mêmes, donne-nous ton Esprit. Qu'il nous envoie dans le monde.

  Seigneur, prends pitié.

L'Esprit inspire notre prière. Tournons-nous vers Dieu. Confions-lui l'Église et le monde entier.

Seigneur, regarde et soutiens :

- les missionnaires qui annoncent l'Évangile aux peuples lointains,
- les jeunes appelés au sacerdoce, à la vie religieuse,
- les malades, tous ceux qui les soignent et les visitent.

Écouter

Tous ceux qui se laissent conduire par l'Esprit de Dieu, ceux-là sont fils de Dieu. L'Esprit que vous avez reçu ne fait pas de vous des esclaves, des gens qui ont encore peur : c'est un Esprit qui fait de vous des fils ; poussés par cet Esprit, nous crions vers le Père en l'appelant : « Abba !. »

Puisque nous sommes ses enfants, nous sommes aussi ses héritiers ; héritiers de Dieu, héritiers avec le Christ, à condition de souffrir avec lui pour être avec lui dans la gloire.

Romains 8

Références bibliques
• **Actes 2**, 1-11 • **Psaume 103**, 1, 24, 29-31, 34 • **Romains 8**, 8-17 • **Jean 14**, 15-26

Communier et témoigner

Se laisser conduire par l'Esprit de Dieu, c'est devenir vraiment vivants ! C'est devenir héritiers du Royaume ! C'est nous reconnaître enfants d'un Père plein d'amour pour sa création.

Oui, nous pouvons le prier ainsi :

« Notre Père... »

« Si quelqu'un m'aime, mon Père l'aimera ; nous irons demeurer auprès de lui. »

Seigneur Jésus, tu viens à notre rencontre. Tu nous rejoins là où nous en sommes, dans nos peurs, nos craintes, les ténèbres de notre épreuve. Tu es notre consolateur. Tu nous invites à ta table. Tu nous proposes une nourriture qui nous fortifiera pleinement.

« Ouvrons nos mains pour recevoir
le Corps du Christ... »
(temps de communion et de silence)

Devenus fils de Dieu par l'Esprit qui nous anime, comment ne pas reprendre confiance dans une espérance qui ne déçoit jamais. Celle d'une rencontre ! D'un rendez-vous permanent avec Dieu, notre Créateur !

Forts de sa Parole, allons à la rencontre de nos proches. Témoignons-leur de cette espérance.

Que le Père qui nous a créés, le Fils qui nous a sauvés, l'Esprit qui nous enseigne dans la vérité, nous bénissent et nous accompagnent sur la route de la vie !

PRÉPARER ET SE PRÉPARER

Tonalité dominicale

> **L'espérance ne trompe pas, puisque l'amour de Dieu a été répandu dans nos cœurs par l'Esprit-Saint qui nous a été donné.**
>
> **Romains 5, 5**

Aborder le mystère trinitaire avec les jumelles ou le microscope de la curiosité nous laissera déçus.

Trois égale un ! Le mystère de la communion entre le Père, le Fils et l'Esprit-Saint échappe à notre raison. Ne nous perdons pas dans le labyrinthe des calculs.

L'amour qui est en Dieu, l'Évangile nous le révèle. Le décisif, l'essentiel, c'est d'en vivre, jour après jour. Vivons le mystère trinitaire ! Mais comment donc ?

- Ayons à cœur de faire l'expérience de la prière qui sculpte, peu à peu, en nous un cœur de fille ou de fils... « Père ! Que ton règne vienne ! »
- Ayons à cœur de faire l'expérience de l'amour fraternel... « Aimez-vous les uns les autres comme je vous ai aimés ! »
- Ayons à cœur de faire l'expérience de vivre et d'accomplir, avec courage et fidélité, nos respon-

sabilités humaines, selon le dynamisme de l'Esprit... ! « L'Esprit vous rendra libres ! »

Celui qui espère vraiment de tout son cœur n'a pas peur d'être trompé. Il se sait vraiment aimé. Dieu nous aime sans calcul. Jésus, en croix, nous le manifeste sans retour. Ne restons pas à contempler la Croix de l'extérieur. Pareils à des spectateurs !

Laissons-nous habiter par l'Esprit. Il nous révèle combien nous sommes aimés du Père. Il nous pousse à aimer, à servir, à semer dans les cœurs la paix, la joie, la confiance, l'audace du partage.

CÉLÉBRER

Accueillir

- Seigneur Jésus, tu révèles aux hommes l'Amour qui est en Dieu, l'Amour qui est Dieu même.
  Prends pitié de nous.
- O Christ, tu as étendu les bras sur la croix pour rassembler dans l'unité les enfants de Dieu dispersés.
  Prends pitié de nous.
- Seigneur Jésus, tu es monté près du Père et tu nous envoies l'Esprit des fils de Dieu.
  Prends pitié de nous.

Dieu, notre Père, tu as répandu ton amour en nos cœurs par l'Esprit-Saint que ton Fils nous a donné. Que l'Esprit nous fasse vivre de la vie même du Christ. Nous chanterons, en tout lieu, la louange de ton nom. Gloire à toi, notre Père ! Gloire à ton Fils et à l'Esprit !

- Béni sois-tu, Dieu de vérité !
  Auprès de ceux qui te cherchent, rends-nous témoins de la dignité de l'homme.
- Béni sois-tu, Dieu d'amour et de communion !
  Auprès des malades, des handicapés, des personnes âgées, rends-nous témoins de ta tendresse.
- Béni sois-tu, Dieu de l'Alliance !
  Auprès de tous ceux qui vivent isolés dans leur détresse, rends-nous témoins de ta présence.

Écouter

Références bibliques
• **Proverbes 8**, 22-31 • **Psaume 8**, 4-9 • **Romains 5**, 1-5 • **Jean 16**, 12-15

La détresse, nous le savons, produit la persévérance ; la persévérance produit la valeur éprouvée ; la valeur éprouvée produit l'espérance ; et **l'espérance ne trompe pas, puisque l'amour de Dieu a été répandu dans nos cœurs par l'Esprit-Saint qui nous a été donné**.

Romains 5

Communier et témoigner

Dieu, Père, Fils et Esprit ! Mystère insondable d'un Dieu en trois personnes ! Dieu trinité est amour. Il nous a créés pour que nous devenions acteurs d'amour. Nous le prions et lui disons :

« Notre Père... »

Dieu nous a tant aimés qu'il nous a envoyé son Fils pour vivre notre condition humaine. Jésus reste présent dans nos vies. Plus encore, il veut devenir notre compagnon de tous les jours. Il nous invite à sa table. Le Pain qu'il nous propose nous nourrira éternellement.

Seigneur, nous ne sommes pas dignes de t'accueillir, mais ta Parole nous guérit :

« Recevons le Corps du Christ... »
(temps de communion et de silence)

Dans nos doutes, nos questionnements, nos peurs, la Parole de Dieu vient nous rassurer... « L'Espérance ne trompe pas, puisque l'amour de Dieu a été répandu dans nos cœurs par l'Esprit-Saint... »

Fortifiés par le Pain de Vie, convaincus de l'amour de Dieu pour nous, pleins d'espérance, allons à la rencontre de ceux qui viendront nous voir. Nous partagerons avec eux cette joie du cœur que l'amour met en nous.

Que Dieu, Père, Fils et Esprit-Saint nous bénisse !

Réjouissons-nous d'être aimés de Dieu !

PRÉPARER ET SE PRÉPARER

Tonalité dominicale

Jésus leur dit : « Donnez-leur vous-mêmes à manger. »

Luc 9, 13

L'Eucharistie récapitule tout. Tant le mystère de Dieu que celui de l'homme et de l'humanité ! Le Christ s'y donne en nourriture.

Dieu crée l'humanité pour l'épouser. Il l'épouse en s'incarnant. Il ne fait plus qu'une seule chair avec elle. Le vœu viscéral de l'amour conjugal ne se restreint jamais à l'étreinte de deux corps, qui restent extérieurs l'un à l'autre. Son vœu véritable, c'est la fusion sans confusion. Devenir, l'un et l'autre, la nourriture de l'autre ! Devenir la chair de sa chair !

Dans l'Eucharistie, Jésus-Christ est là pour se donner à nous en nourriture, de sorte que l'union entre lui et nous soit la plus totale possible.

« Quand nous mangeons le Corps du Christ, dit saint Augustin, c'est l'humanité toute entière que nous nous incorporons. » L'Eucharistie est le fondement et la condition de toute fête. S'il n'y avait pas d'Eucharistie, l'espérance de résurrection s'évanouirait. Nos fêtes humaines connaîtraient l'enfermement désespérant dans le cercle de la mort.

- Avons-nous assez conscience que le Pain Eucharistique est du pain rompu pour la construction d'un monde nouveau ?
- Gardons-nous assez conscience que partager le même Pain nous engage à partager avec les autres tout ce qu'il nous est possible de partager : argent, temps, talents ?

CÉLÉBRER

Accueillir

- Seigneur Jésus, tu as révélé un Dieu qui aime et pardonne. Apprends-nous à aimer et à pardonner.
  Prends pitié de nous.

- O Christ, tu as donné ta vie pour le salut du monde. Apprends-nous à vivre dans ta lumière et ta vérité.
  Prends pitié de nous.

- Seigneur Jésus, tu nous donnes ton Corps en nourriture pour la vie éternelle. Apprends-nous à avoir faim et à partager.
  Prends pitié de nous.

Dieu, notre Père, tu rassasies de biens l'affamé. Tu ne renvoies pas le pauvre les mains vides. Que le Pain de ta Parole et le Corps de ton Fils soient la nourriture qui nous permettra de tenir fermes dans la foi.

En cette fête du Corps et du Sang du Christ, prions :

- pour tous ceux qui partagent ta Parole et ton Pain ;
- pour tous les affamés du monde et ceux qui se mobilisent face à leur détresse ;
- pour nos frères et sœurs, malades et âgés ;
- pour ceux que tu envoies comme porteurs de ta communion et témoins de ton amour.

Écouter

Références bibliques
• **Genèse 14**, 18-20 • **Psaume 109**, 1-4 • **1 Corinthiens 11**, 23-26 • **Luc 9**, 11-17

Le jour commençait à baisser. Les Douze s'approchèrent de lui et lui dirent : « Renvoie cette foule, ils pourront aller dans les villages et les fermes des environs pour y loger et trouver de quoi manger : ici nous sommes dans un endroit désert. »

Mais, **Jésus leur dit : « Donnez-leur vous-mêmes à manger. »**

Luc 9

Communier et témoigner

« Donnez-leur vous-mêmes à manger » ! A tout instant, Dieu nous interpelle et nous invite à participer activement à sa création. Nous sommes, tout à la fois, créés et créateurs. Comme dans toute famille, chacun des membres a sa part de responsabilité. Enfants de Dieu, nous l'appelons Père. Nous le prions :

« Notre Père... »

« Tu es le Pain vivant venu du ciel, Seigneur Jésus ! Qui mange de ce pain vivra pour toujours. » (Jean 6). Nous voici de nouveau invités. Jésus nous propose de nous nourrir d'un Pain vivant, son Corps et son Sang.

Dignes de ce don, nous ne le serons jamais ! Mais Dieu est plus grand que nous ! Jésus vient, lui-même, nous visiter et nous inviter à sa table !

« Ouvrons nos mains pour l'accueillir... »

(temps de communion et de silence)

Fortifiés par cette nourriture divine, dépassons nos peurs et nos angoisses. Participons pleinement au plan de Dieu sur sa création. Allons vers nos frères et sœurs pour vivre avec eux cette joie d'être reconnus de Dieu et de faire partie de la famille des enfants de Dieu.

Que le Seigneur nous bénisse. Lui qui est Père, Fils et Esprit-Saint.

LES DIMANCHES DU TEMPS ORDINAIRE

Pendant trente-quatre semaines, en dehors des grandes fêtes liturgiques, les chrétiens s'assemblent le dimanche pour fêter le Jour du Seigneur. Avec leurs travaux de chaque jour et leurs espoirs, leurs amours et leurs combats, leurs faiblesses, leurs épreuves et leur fidélité, ils se réunissent pour attendre le Seigneur, l'accueillir, l'écouter et devenir ensemble l'Église qui est son Corps aujourd'hui.

Les dimanches et semaines du Temps Ordinaire se répartissent d'une part entre le Baptême du Seigneur et le Carême ; d'autre part entre la fête du Corps et du Sang du Christ et l'Avent. La fête de Pâques est mobile. C'est dire combien le nombre des Dimanches Ordinaires variera, selon la date même de Pâques, entre le Baptême du Seigneur et le début du Carême !

Après la fête du Corps et du Sang du Christ, on reprendra donc la série des dimanches et des semaines, où elle a été arrêtée avant le Carême. Autant souligner que la numérotation des dimanches pourra paraître discontinue d'année en année. Il conviendra toujours de consulter le calendrier liturgique, édité chaque année par votre diocèse.

PRÉPARER ET SE PRÉPARER

Tonalité dominicale

Sa mère dit aux serviteurs : « Faites tout ce qu'il vous dira. »

Jean 2, 5

Le miracle des noces de Cana symbolise la gratuité de la vie, communiquée par Dieu à chacun d'entre nous. Plus encore, sa surabondance ! Et cela, sans même que soit requise une foi préalable. Il manifeste la radicale initiative de Dieu dans la rencontre de son peuple.

« Faites tout ce qu'il vous dira ! » Marie reconnaît la distance que Jésus, son Fils, a prise. Elle accueille son autorité. Sa confiance est entière. Sans doute ignore-t-elle, concrètement, le projet de Jésus.

« Ils n'ont plus de vin. » Marie met son fils en présence des détresses de son peuple. Elle est solidaire des siens. Elle prend à cœur la peine de son peuple. Elle ose l'exprimer.

Jésus de Nazareth est le Christ vivant à jamais. Il est capable de donner en tout temps à son Église le vin, le meilleur. Façon singulière de révéler et de communiquer aux hommes l'amour du Père à leur égard.

Les noces de Cana sont, pour Jean, l'évangéliste, l'occasion de dépeindre la fête que constitue la venue de Jésus parmi nous. La création tout entière y est reprise.

- Le cadre des noces, joie humaine par excellence !
- La figure de l'eau, qui, puisée à la fontaine, devient un vin meilleur !
- Y entendons-nous l'invitation à maintenir la valeur de nos réalités humaines ?
- Y entendons-nous l'invitation à les voir transfigurées ?
- Y puisons-nous et y goûtons-nous la conviction que c'est seulement dans la rencontre de Dieu que nous réalisons notre propre épanouissement ?

CÉLÉBRER

Accueillir

- Nous sommes tes invités, Seigneur ! Creuse en nous la faim de ta Parole.

  Prends pitié de nous.

- Nous sommes tes invités, Seigneur ! Mets en nos cœurs la joie de ton salut.

  Prends pitié de nous.

- Nous sommes tes invités, Seigneur ! Guide nos frères chrétiens sur les chemins de l'unité.

  Prends pitié de nous.

Dieu d'éternelle tendresse, en Jésus, ton Fils bien-aimé, tu as conclu, avec l'humanité, l'Alliance de ton amour. Renouvelle la jeunesse de ton Église. Qu'elle soit, dans le monde de ce temps, le peuple de l'Alliance et le signe de ton amour.

« Ils n'ont plus de vin ! »

- Ils ne savent pas de quoi demain sera fait.
  Ouvre nos mains, Seigneur, nous t'en prions.
- Ils sont dans la peine, ils sont écrasés par le poids de l'épreuve.
  Ouvre nos cœurs, Seigneur, nous t'en prions.
- Ils ignorent ton amour.
  Ouvre nos yeux, Seigneur, nous t'en prions.

Écouter

Références bibliques
• **Isaïe 62**, 1-5 • **Psaume 95**, 1-3, 7-10 • **1 Corinthiens 12**, 4-11 • **Luc 2**, 1-11

Il y avait un mariage à Cana en Galilée. La mère de Jésus était là. Jésus aussi avait été invité au repas de noces avec ses disciples.

Or, on manqua de vin ; la mère de Jésus lui dit : « Ils n'ont pas de vin. » Jésus lui répond : « Femme que me veux-tu ? Mon heure n'est pas encore venue. » **Sa mère dit aux serviteurs : « Faites tout ce qu'il vous dira. »**

Jean 2

Communier et témoigner

Faire tout ce que Dieu nous demande, c'est reconnaître, en Lui, notre Créateur et Maître. Un Maître qui est en même temps un Père. Nous pouvons lui dire :

« Notre Père... »

Faire la volonté de Dieu, c'est aussi reconnaître que ses voies sont justes et équitables. Que le chemin tracé nous mène vers le vrai bonheur ! Celui de la joie du cœur !

Jésus nous propose de la goûter. Il nous reçoit à sa table. Reconnaissons-le comme le berger, doux et humble de cœur, prêt à donner sa vie pour ses brebis.

« Ouvrons nos mains
pour accueillir le Pain de Vie... »
(temps de communion et de silence)

« Adorez le Seigneur éblouissant de sainteté.
Allez dire aux nations : Le Seigneur est roi !
Il gouverne les peuples avec droiture. » Psaume 95

Un roi juste et droit ! Avec une joie profonde, nous l'accueillons en maître de notre vie. Nous sentons bien que faire sa volonté, c'est marcher sur le chemin de la sainteté !

Son commandement, c'est de nous aimer les uns les autres, comme il nous aime.

Témoignons à ceux que nous rencontrerons cette semaine, cet amour sans calcul, seule source de vrai bonheur.

Que le Seigneur nous bénisse. Il est Père, Fils et Esprit-Saint.

PRÉPARER ET SE PRÉPARER

Tonalité dominicale

> **Vous êtes le corps du Christ et, chacun pour votre part, vous êtes les membres de ce corps.**
> **1 Corinthiens 12, 27**

Être membre d'une équipe ou d'un groupe, c'est s'en sentir solidaire. Chacun est appelé à y tenir et à y prendre concrètement sa part de responsabilité. Avancer en ordre dispersé, c'est condamner la cohésion du groupe. Suivre ses propres projets. Jouer cavalier seul revient à compromettre l'esprit d'équipe.

Nous sommes le Corps du Christ. Chacun de nous en est un membre précieux. Ensemble, nous formons l'Église. La vie-même du Christ, reçue au baptême, nous irrigue tous. Le même et unique Esprit nous anime tous. Nos frères et sœurs, comme nous, sont des membres précieux pour la vie et la croissance du Corps du Christ.

- Quel est notre rôle comme membre de ce Corps ?
- Avons-nous à cœur de devenir, aujourd'hui même, et non seulement demain, des témoins vivants et actifs de la Bonne Nouvelle de libération de Jésus ?

- Sommes-nous décidés, aujourd'hui même,
  - à lutter contre les tristesses qui rongent les cœurs ?
  - à désencombrer notre intériorité de toutes sortes de fausses richesses ?
  - à réveiller nos cœurs sclérosés par l'oubli, l'indifférence, la paresse ?

CÉLÉBRER

Accueillir

- Seigneur Jésus, envoyé par le Père annoncer aux pauvres la Bonne Nouvelle.
  Prends pitié de nous.

- O Christ, venu dans le monde annoncer aux aveugles qu'ils verront la lumière.
  Prends pitié de nous.

- Seigneur, élevé dans la gloire du Père, pour nous rassembler dans l'unité de l'Esprit.
  Prends pitié de nous.

Seigneur, notre Dieu, vois ton peuple assemblé, venu pour t'écouter. Ouvre nos oreilles à ta voix. Ouvre nos cœurs à ta Parole. Elle nous transformera.

Accueillons, comme une joyeuse nouvelle, le message de Jésus, ton Fils.

Demandons lui que sa Bonne Nouvelle soit annoncée

- à tous ceux qui souffrent de pauvretés,
- à tous ceux qui souffrent d'aveuglements,
- à tous les prisonniers, les drogués,
- à tous les malades et personnes âgées.

Écouter

Références bibliques
• **Néhémie 8**, 1-10 • **Psaume 18**, 8-10, 15 • **1 Corinthiens 12**, 12-30 • **Luc 1**, 1-4 ; **4**, 14-21

Notre corps forme un tout, il a pourtant plusieurs membres et tous les membres, malgré leur nombre, ne forment qu'un seul corps. Il en est ainsi pour le Christ...

Si un membre souffre, tous les membres partagent sa souffrance ; si un membre est à l'honneur, tous partagent sa joie.

Or, **vous êtes le corps du Christ et, chacun pour votre part, vous êtes les membres de ce corps.**

1 Corinthiens 12

Communier et témoigner

Comme les sarments de la vigne, nous sommes les membres du corps du Christ. Baptisés dans l'unique Esprit, nous sommes les enfants d'un Père qui nous aime.

Disons-lui avec ferveur :

« Notre Père... »

En communion intime avec le Père, Jésus nous partage le Pain qui nous réconforte dans l'épreuve, la maladie, la solitude.

Nous ne sommes pas dignes de l'amour infini de Dieu, mais Jésus nous invite à sa table pour nous guérir de nos peurs.

Laissons-nous nourrir par lui

« Le Corps du Christ... »
(temps de communion et de silence)

Fortifiés par le Pain, joyeux d'être aimés de Dieu, nous voici appelés à témoigner, devant nos frères, de sa tendresse.

Reprenons foi et courage sur le chemin qui nous mènera vers son Royaume.

Oublions nos craintes. Faisons confiance en celui qui sait ce qui est bon pour nous.

Que Dieu, Père, Fils et Esprit-Saint, nous bénisse et nous garde. Amen !

PRÉPARER ET SE PRÉPARER

Tonalité dominicale

> **L'amour prend patience... Il trouve sa joie dans ce qui est vrai... L'amour ne passera jamais.**
> **1 Corinthiens 13, 4...8**

Au-dessus de tous les dons spirituels, il y a l'amour. Bénissons le Dieu et Père de notre Seigneur Jésus-Christ ! La lumière de la foi en nos cœurs, c'est lui qui l'a allumée ! La flamme de l'espérance, c'est lui, sans cesse, qui l'attise ! Le feu de la charité, c'est lui qui le nourrit au plus intime de nous-mêmes !

« *L'amour prend patience.* »

- Ne nous arrive-t-il pas de nous laisser aller à nous quereller pour des détails ?
- Quelles sont nos impatiences ?
- Quelles sont nos susceptibilités, nos jalousies ?

« *L'amour trouve sa joie dans ce qui est vrai.* »

- Pourquoi nous retrancher derrière les mensonges de nos suffisances, de nos prétentions ?
- Pourquoi retarder nos pardons mutuels ?
- Pourquoi tant d'hésitations à nous laisser éclairer

par la Parole de Dieu ? A contempler la splendeur de sa vérité ?

« L'amour ne passera jamais. »

Aimer ne se résume pas à des élans émotionnels passagers ! Pas davantage à des actions spectaculaires à seule fin « d'épater la galerie » !

Aimer de l'amour même de Dieu, n'est-ce pas, comme Jésus et avec la force de l'Esprit, vivre, avec beaucoup d'oubli de soi, les petites comme les grandes choses de notre quotidien ? N'est-ce pas faire éclater nos frontières ? Oser braver les incompréhensions, même parmi nos proches ? Choisir d'aller droit le chemin, parfois étroit, de l'Évangile ?

CÉLÉBRER

Accueillir

- Pardon, Seigneur, pour nos manques de patience, nos jalousies, nos emportements, nos refus de servir.
- Pardon, Seigneur, pour tout le mal que nous faisons aux autres.

Toi qui es l'Amour, tu nous pardonnes tous nos manques d'amour. Apprends-nous à nous aimer sincèrement comme des frères et nous t'aimerons toujours davantage.

Sauve-nous, Seigneur, notre Dieu. Rassemble tous

tes enfants dispersés. Donne-nous, aujourd'hui, ton Esprit d'amour. Ton Esprit qui est source de vie.

- Pour les chrétiens qui accompagnent des enfants, des jeunes et des adultes sur le chemin de la découverte de Jésus-Christ.
- Pour tous ceux qui souffrent et pour tous ceux qui les soignent et les visitent.

Prions le Seigneur !

Écouter

Références bibliques
• **Jérémie 1**, 4-5, 17-19 • **Psaume 70**, 1, 3, 5, 6, 15, 17 • **1 Corinthiens 13**, 1-13 • **Luc 4**, 21-30

Frère, **l'amour prend patience** ; l'amour rend service ; l'amour ne jalouse pas ; il ne se vante pas, ne se gonfle pas d'orgueil ; il ne fait rien de malhonnête ; il ne cherche pas son intérêt ; il ne s'emporte pas ; il n'entretient pas de rancune ; il ne se réjouit pas de ce qui est mal, mais **il trouve sa joie dans ce qui est vrai** ; il supporte tout, il fait confiance en tout, il espère tout, il endure tout. **L'amour ne passera jamais.**

1 Corinthiens 13

Communier et témoigner

L'amour de Dieu est patient. L'amour de Dieu est joyeux. L'amour de Dieu est vrai. L'amour de Dieu ne passera jamais.

Dieu nous appelle ses enfants. Comme Jésus nous l'a appris, disons-lui :

« Notre Père... »

L'amour de Dieu, c'est aussi le don du Pain que nous offre son Fils. A tout moment, il vient à notre rencontre. Il nous donne une nourriture qui nous rassasie pour la vie.

Nous ne serons jamais dignes de recevoir le don de Dieu, mais sa Parole nous guérit de nos peurs.

Voici l'Agneau de Dieu qui nous sauve !

« Accueillons le Corps du Christ... »

(temps de communion et de silence)

« Si je n'ai pas la charité, s'il me manque l'amour, je ne suis rien... » Chacun de nos gestes, chacune de nos actions n'ont aucun sens, si nous ne les faisons pas avec amour.

Lorsque, tout à l'heure, demain, nous rencontrerons un proche, un ami, un soignant, comprenons bien que cette rencontre ne prendra sens que si nous la vivons dans l'amour partagé.

Restons dans la joie et la paix de la tendresse de Dieu.

Demandons-lui de nous bénir. Il est Père, Fils et Esprit-Saint.

PRÉPARER ET SE PRÉPARER

Tonalité dominicale

Le jour où tu répondis à mon appel, Seigneur, tu fis grandir en mon âme la force.

Psaume 137, 3

Dieu veille sur nous. Lui, le Très Saint, le Tout Autre, nous appelle à partager sa vie. Notre intelligence, livrée à elle-même, se façonne toujours une idée trop humaine de lui. Dieu échappe à nos réductions, à nos définitions.

Il répond à notre appel. Il fait grandir en nous la force d'aimer, de servir, de pardonner.

« Qui enverrai-je ? Qui sera mon messager ? »

- Oserons-nous la réponse généreuse du prophète Isaïe : « Moi, je serai ton messager. Envoie-moi. »

Ne nous épuisons pas, en vain, à réduire Dieu à notre mesure. Cessons de nous servir de lui pour justifier nos positions. Suivons-le. Sur son ordre, jetons nos filets.

- Gardons-nous à cœur, comme Paul, l'apôtre, de

transmettre ce que nous avons nous-mêmes reçus de l'Église : l'annonce du Christ mort et ressuscité ? Est-ce bien là notre message et notre foi ?

- Jésus-Christ est-il vraiment vivant pour nous ?
- Quelles sont nos « apparitions » du Ressuscité ?...
  – la spontanéité des enfants,
  – la sagesse des personnes âgées qui prient,
  – le dynamisme des militants, des bénévoles,
  – la foi de cette mère et de ce père de famille...

Laissons le Ressuscité guider la barque de notre vie jusqu'au rivage de l'éternité.

CÉLÉBRER

Accueillir

- De Simon-Pierre, qui t'avait renié, tu as fait le pasteur de tes brebis.
  Seigneur Jésus, prends pitié de nous.
- De Paul, le persécuteur des chrétiens, tu as fais l'Apôtre de l'Évangile auprès des païens.
  O Christ, prends pitié de nous.
- De nous-mêmes, tes frères et sœurs pécheurs, tu veux faire tes témoins au milieu des hommes.
  Seigneur Jésus, prends pitié de nous.

Seigneur, notre Dieu, nous voici rassemblés autour de ton Christ. Sans lui, nous ne pouvons rien faire. Ta grâce, en nous, fait des merveilles. Par-delà nos déceptions et nos découragements, l'Esprit-Saint nous donne l'audace de croire en la Parole de ton Fils.

- Ceux que tu as choisis pour assurer la tâche de Simon-Pierre et de ses compagnons...
- Ceux qui ont « peiné toute la nuit sans rien prendre » et ne voient pas le fruit de leurs efforts...
- Ceux qui ont répondu à ton appel et qui sont écrasés par le poids de la charge et par l'épreuve...

Nous les confions à ton amour !

Donne-leur d'être, auprès d'eux, les témoins de ton amour !

Écouter

Références bibliques
• **Isaïe 6**, 1-8
• **Psaume 137**, 1-5, 9
• **1 Corinthiens 15**, 1-11
• **Luc 5**, 1-11

De tout mon cœur, Seigneur, je te rends grâce : tu as entendu les paroles de ma bouche...

Je rends grâce à ton nom pour ton amour et ta vérité, car tu élèves, au-dessus de tout, ton nom et ta parole.

Le jour où tu répondis à mon appel, tu fis grandir en mon âme la force.

Psaume 137

Communier et témoigner

Dans l'épreuve, la maladie, la souffrance, nous crions vers toi, Seigneur. Réponds à notre appel. Fais grandir en nos âmes ta force, pour que nous puissions relever la tête. Tu es Dieu d'Amour. Tu nous appelles tes enfants. Nous nous confions à toi et te disons :

« Notre Père... »

Seigneur Jésus, tu as choisi d'habiter notre chair. Tu connais nos faiblesses et nos peurs. Tu viens à notre rencontre pour nous aider à traverser l'épreuve. Tu nous proposes une nourriture qui donne force et vie.

Nous ne sommes pas dignes de te recevoir, mais ta Parole nous sauve et nous guérit :

« Ouvrons nos mains pour accueillir le Pain de Vie... »

(temps de communion et de silence)

Fortifiés par le corps du Christ que nous venons de recevoir, reprenons courage. Sortons de nos ténèbres. Tournons-nous vers la lumière. Soyons des témoins de la tendresse de Dieu. Il répond à nos appels. Il fait grandir en nous la force de lutter.

Merci, Seigneur,de ton aide. Bénis-nous, toi qui es Père, Fils et Esprit-Saint.

PRÉPARER ET SE PRÉPARER

Tonalité dominicale

> **Béni soit l'homme qui met sa confiance dans le Seigneur, dont le Seigneur est l'espoir.**
> **Jérémie 17, 7**

Sans confiance, sans espérance, qui peut vivre ? Toute notre existence chrétienne repose sur la confiance que nous mettons en Jésus-Christ.

Dieu, notre Père, nous fait confiance. Il veut habiter en nous. Saurons-nous lui offrir l'hospitalité de nos cœurs droits et sincères ?

« Béni soit l'homme qui met sa confiance dans le Seigneur ; dont le Seigneur est l'espoir. »

- Misons-nous sur nos garanties humaines ?
- Choisissons-nous vraiment de nous abandonner, en toute liberté et avec grande joie, en Dieu notre Sauveur ?

Notre Dieu est le Dieu de la joie. Pourquoi irions-nous chercher notre bonheur ailleurs qu'en lui ? Pourquoi cherchons-nous des appuis purement humains ? Pourquoi courir après de vaines richesses ?

Recueillons chez nous le malheureux sans abri ! Songeons à tel regard en quête de confiance ! Rappelons-nous tel ou tel à qui manque le toit et la chaleur d'une tendresse fraternelle et respectueuse ! Faisons confiance. Suscitons l'espérance qui ne déçoit pas. Soyons là, présents et attentifs aux questions, aux recherches, aux joies et aux peines de nos enfants, de nos parents, de nos proches, de nos voisins, de nos contemporains. Vivons pleinement les Béatitudes. Conduisons ceux qui ont soif aux sources de la vraie vie.

CÉLÉBRER

Accueillir

- Toi qui es venu annoncer aux pauvres la Bonne Nouvelle.
  Donne-nous, Seigneur, un cœur nouveau.
- Toi qui es venu combler de biens les affamés.
  Donne-nous, Seigneur, un cœur nouveau.
- Toi qui es venu consoler ceux qui pleurent.
  Donne-nous, Seigneur, un cœur nouveau.

Dans ton amour inépuisable, Dieu, notre Père, tu combles ceux qui t'implorent bien au-delà de leurs mérites et de leurs désirs. Que ta Parole, aujourd'hui déroutante, mais accueillie dans la foi, éveille nos cœurs au vrai bonheur que tu nous as révélé en Jésus.

Seigneur, notre Dieu, il nous est bon, à nous qui cherchons ton Royaume, de redire, en ce jour, les Béatitudes révélées par ton Christ.

C'est notre grâce d'être appelés à les vivre, comme un cri d'espérance, à l'exemple de Jésus, ton Fils bien-aimé.

Il s'est fait pauvre pour nous enrichir de ta grâce.

Il a eu faim pour nous combler de ton amour.

Il a connu nos larmes pour que nous connaissions ta joie.

Il a traversé la nuit de la mort pour nous faire partager la lumière de la Résurrection.

Écouter

Références bibliques
• **Jérémie 17**, 5-8 • **Psaume 1**, 1-4, 6 • **1 Corinthiens 15**, 12-20 • **Luc 6**, 17-26

Béni soit l'homme qui met sa confiance dans le Seigneur, dont le Seigneur est l'espoir. Il sera comme un arbre planté au bord des eaux, qui étend ses racines vers le courant : il ne craint pas la chaleur quand elle vient, et son feuillage reste vert ; il ne redoute pas une année de sécheresse, car elle ne l'empêche pas de porter du fruit.

Jérémie 17

Communier et témoigner

« Heureux vous qui pleurez maintenant : vous rirez !... » L'Évangile d'aujourd'hui nous rappelle qu'après l'épreuve et les ténèbres un jour nouveau se lèvera. L'espérance du Royaume nous ouvre un chemin nouveau. Dieu nous tend ses bras. Tournons-nous vers lui pour le prier :

« Notre Père... »

Seigneur Jésus, nous mettons toute notre confiance en toi. Toi seul connais le fond de notre détresse. Toi seul peux nous apporter la vraie réponse à nos questionnements. Tu viens habiter chez nous. Tu nous proposes le Pain de Vie.

Nous ne serons jamais dignes de l'amour que tu nous témoignes. Ta Parole nous guérit.

« Ouvrons nos mains pour recevoir le Corps du Christ... »

(temps de communion et de silence)

Être comme l'arbre qui étend ses racines vers le courant de la rivière, c'est nous abreuver de la Parole de Dieu pour devenir forts dans notre faiblesse. Nous ne redouterons plus la sécheresse de nos peurs et de nos angoisses. Nous porterons les fruits de l'espérance.

Nous les partagerons avec ceux qui nous sont proches. Ensemble, nous nous tournons vers la lumière de Dieu.

Que le Seigneur nous bénisse. Lui qui est Père, Fils et Esprit-Saint.

PRÉPARER ET SE PRÉPARER

Tonalité dominicale

La mesure dont vous vous servez pour les autres servira aussi pour vous.

Luc 6, 38

Quels sont nos poids et nos mesures ? Œil pour œil ? Dent pour dent ? Le mépris, l'ironie, l'indifférence, la calomnie, la vengeance, la violence ?...

Et ceux de Dieu ? La miséricorde, la tendresse, le pardon, l'amour, la fidélité, la bénédiction, la patience, l'espérance...

« Aimez vos ennemis ! » C'est énorme ! Qui peut supporter pareil impératif ? Reconnaissons que nous avons bien du mal à être d'accord. Nous faisons semblant. Nous ne tenons tout de même pas à passer pour masochistes !

Soyons sérieux ! Les paroles de Jésus ne sont pas des consignes d'action. Il ne nous apprend pas des recettes de conduite. Il nous invite simplement à changer de regard. Ce regard qui tue ou qui fait vivre...

Ce que nous désirons pour nous-mêmes, désirons-le pour autrui. Et surtout, désirons-le au point de le faire ! Quel regard porterons-nous sur les autres ? Particulièrement sur ceux que nous avons du mal à aimer ?..

Somme toute, que nous demande le Seigneur ? Certainement pas la peur, la lâcheté, le manque de courage et de dignité de gens qui se laissent faire sans rien dire. Au point d'encourager et de favoriser le vice et la violence ! Mais de rester animés par un esprit constructif de justice, d'amour, de réconciliation, qui saura briser le cycle infernal de la vengeance et de la violence. Ne soyons pas de ceux qui ont une machine à calculer à la place de leur cœur !

CÉLÉBRER

Accueillir

« Pardonnez et vous serez pardonnés. »

- Nous t'acclamons, Seigneur Jésus, Dieu de pitié et de pardon. Comble nous d'amour et de tendresse.

  Pardonne-nous.

- Nous t'acclamons, Seigneur Jésus. Ton nom est la louange de notre âme. Ne nous rends pas selon nos offenses.

  Pardonne-nous.

- Nous t'acclamons, Seigneur Jésus, Nouvel Adam, venu du ciel. Mets en nous ta grâce.

Pardonne-nous.

Chaque jour, nous célébrons la fête de la miséricorde de Dieu. En Jésus-Christ, elle a pris visage d'homme. Béni soit notre Père, le Dieu de tendresse et de pitié. Par le don de l'Esprit-Saint, il fait reposer sa miséricorde sur chacun de nous.

Dieu de tendresse et de pitié,

- donne-nous d'être miséricordieux comme toi-même,
- donne-nous de ne juger, ni condamner personne, mais de pardonner comme toi,
- donne-nous d'aimer sans jamais mesurer notre amour, comme toi-même, tu nous as aimés.

Écouter

Références bibliques
• **1 Samuel 26**, 2-23 • **Psaume 102**, 1-4, 8, 10, 12, 13 • **1 Corinthiens 15**, 45-49 • **Luc 6**, 27-38

Soyez miséricordieux comme votre Père est miséricordieux. Ne jugez pas, et vous ne serez pas jugés ; ne condamnez pas, et vous ne serez pas condamnés. Pardonnez, et vous serez pardonnés. Donnez et vous recevrez une mesure bien pleine, tassée, secouée, débordante, qui sera versée dans votre tablier ; car **la mesure dont vous vous servez pour les autres servira aussi pour vous.** »

Luc 6

Communier et témoigner

« Soyez miséricordieux comme votre Père est miséricordieux... Pardonnez et vous serez pardonnés. »

Dieu de pardon et de miséricorde, nous nous adressons à toi dans notre désarroi, dans notre épreuve. Ouvre-nous tes bras. Tu nous appelles tes enfants. Jésus nous a appris à te prier. En toute confiance, nous te disons :

« Notre Père... »

« Donnez et vous recevrez : une mesure bien pleine, tassée, débordante. » Le don partagé, c'est Jésus qui nous le propose. Il nous invite à sa table. Il vient chez nous et nous partage le Pain. Saurons-nous donner à notre tour ?

Seigneur, dans notre faiblesse, nous nous sentons bien peu dignes de recevoir le merveilleux don de ton amour. Pleins de confiance, nous nous avançons vers le repas que tu nous as préparé :

« Recevons le Corps du Christ... »
(temps de communion et de silence)

« Seigneur, je le crois : tu es le Christ, le Fils du Dieu vivant, celui qui vient dans le monde » (Jean 11).

Dans la foi en la Parole de Dieu, nous voici réconfortés et fortifiés par le Pain de Vie. Reprenons avec force et courage la route de la vie, à la rencontre de tous nos frères et sœurs.

Nous te demandons, Seigneur, de nous bénir. Toi qui es Père, Fils et Esprit-Saint.

PRÉPARER ET SE PRÉPARER

Tonalité dominicale

> **L'homme bon tire le bien du trésor de son cœur qui est bon.**
>
> **Luc 6, 45**

La bouche parle de l'abondance du cœur. Nous baignons dans un monde de bavardages incessants, futiles, étourdissants. Publicités tapageuses à tous nos coins de rue, sur nos écrans télévisés, sur les ondes de nos transistors. Pour toute réflexion, une panoplie de slogans à prendre ou à laisser.

- Quel est notre trésor ? Notre cœur est-il en bonne santé spirituelle ?
- Mes paroles et mes pensées sont-elles en harmonie ?
- Laissons-nous au Christ, notre Maître, le soin de modeler en nous un cœur bon et compatissant, prompt à servir ?

Le Seigneur nous invite à laisser déborder notre cœur. Encore convient-il que nous le fréquentions assidûment dans la prière et les sacrements. Seule façon de nous laisser imprégner de son amour jusqu'à ce qu'il déborde de notre cœur.

Ne nous leurrons pas ! Ceux qui ne partagent pas notre foi nous regardent. C'est par notre vie toute entière que nous porterons le meilleur témoignage de la vie du Ressuscité en nous. Laissons tomber les inutiles bavardages. Ce sont nos actes réels, fidèles, qui disent si nous croyons ou non, si nous espérons ou non, si nous aimons ou non.

CÉLÉBRER

Accueillir

- Tu es, Seigneur Jésus, la lumière qui nous guide au milieu des ténèbres de ce monde. Lorsque nous nous laissons aveugler par le péché,
  pardonne nous.
- Tu es, Seigneur Jésus, l'arbre bon qui nous offre les fruits du paradis. Lorsque nous ne produisons que ronces et épines,
  pardonne-nous.
- Tu es, Seigneur Jésus, l'homme au cœur bon qui tire le bien du trésor de son cœur. Lorsque notre cœur est mauvais,
  pardonne-nous.

Dieu notre Père, nous voulons te rendre grâce en tout temps. Par Jésus, tu nous as donné la victoire sur le péché et sur la mort. A toi la louange et l'amour de notre vie.

Remplis chacun de nos matins de la joie de te louer. Tout au long des nuits – et jusque dans nos insomnies – révèle-nous ta vérité et ton amour.

Plante-nous comme un arbre dans le jardin de ton Église. Enracine-nous dans la charité. Fais-nous porter des fruits pour la vie éternelle.

Nous te recommandons, tout particulièrement, les personnes âgées. Remplis-les de la sève et de la verdeur de ta sagesse. Qu'elles continuent de fructifier en leur vieillesse et de publier les merveilles de ton amour.

Écouter

Références bibliques
• **Ben Sirac 27**, 4-7 • **Psaume 91**, 23, 13-16 • **1 Corinthiens 15**, 54-58 • **Luc 6**, 39-45

Jamais un bon arbre ne donne de mauvais fruits : jamais non plus un arbre mauvais ne donne de bons fruits. Chaque arbre se reconnaît à son fruit. **L'homme bon tire le bien du trésor de son cœur qui est bon**. Car ce que dit la bouche, c'est ce qui déborde du cœur.

Luc 6

Communier et témoigner

Apprends-nous, Seigneur, à avoir un cœur bon. Quand la souffrance nous tenaille, quand la maladie nous mine, quand l'âge nous confronte à la solitude, nous perdons bien souvent courage. Nous devenons plus difficiles à vivre. Toi, inlassablement, tu nous invites à changer notre cœur. Tu nous ouvres les bras comme un père à ses enfants. Jésus nous a appris à te prier ainsi :

« Notre Père... »

« Je suis avec vous tous les jours, jusqu'à la fin des temps. » (Matthieu 28). Tu nous invites à ta table et nous partages ton Pain. Seigneur Jésus, apprends-nous à changer notre cœur, à te faire confiance, à t'accueillir humblement.

« Ouvrons nos mains pour recevoir
le Corps du Christ... »
(temps de communion et de silence)

« Le four éprouve les vases du potier... C'est le fruit qui manifeste la qualité de l'arbre... » (Ben Sirac).

Que ton feu, Seigneur, éprouve la qualité de notre désir de vivre. Réconfortés par le Pain partagé, partons plus forts sur la route, pour porter du fruit dans nos rencontres avec nos proches. Fruits d'amour partagé. Fruits d'espérance retrouvée. Fruits de joies nouvelles manifestées.

Que Dieu bénisse en nous nos désirs d'être éprouvés par le feu de son amour et de porter des fruits. Lui qui est Père, Fils et Esprit-Saint.

PRÉPARER ET SE PRÉPARER

Tonalité dominicale

> **« Seigneur, je ne suis pas digne que tu entres sous mon toit. Mais dis seulement un mot, et mon serviteur sera guéri. »**
>
> **Luc 7, 6-7**

La foi du centurion nous invite à redire avec attention la prière avant la communion : « Seigneur, je ne suis pas digne de te recevoir, mais dis seulement une parole et je serai guéri ! »

Voilà une parole d'humilité et de foi. Deux attitudes indissociables ! Une expression qui suscite l'admiration de Jésus.

Le centurion est plein de respect et de délicatesse. N'oublions pas qu'il est « païen. » Faisons-nous montre d'une telle attention et d'un tel respect des autres ? Le monde d'aujourd'hui est devenu un vaste lieu de brassage. Nous y sommes les témoins de cultures, de civilisations, de coutumes qui ne cessent de se côtoyer et de cohabiter.

- Comment sommes-nous respectueux de l'autre, différent de nous ?
- Avons-nous, nous aussi, cette même haute idée de Dieu que le centurion de l'évangile ?

- Ne sommes-nous pas encore dans cet état d'esprit où nous prétendons dicter à Dieu nos ordres et nos manières de penser à nous ?

Croire, c'est avouer notre petitesse devant la grandeur de Dieu à qui rien n'est impossible. Croire, c'est savoir détecter les bourgeons de la foi dans la vie concrète de ceux qui sont encore loin du Christ. Saurons-nous les faire éclater ?

L'admiration du Christ nous fait toucher du doigt la vérité de son humanité. Elle nous révèle aussi combien notre Dieu est capable de s'émouvoir et de se laisser « modifier » par ce que fait l'homme !

CÉLÉBRER

Accueillir

- Seigneur Jésus, tu accueilles les étrangers dans ta maison. Nous avons tant de mal à les accueillir.
  Prends pitié de nous.
- Seigneur Jésus, tu admires la foi du centurion. Notre foi est si pauvre.
  Prends pitié de nous.
- Seigneur Jésus, ton amour est si fort pour tous les hommes. Notre amour pour toi est si faible.
  Prends pitié de nous.

« Seigneur, je ne suis pas digne de te recevoir. »

Béni soit l'Esprit-Saint qui a fait germer ces paroles dans le cœur du centurion. Nous les répétons à chaque eucharistie à la louange de notre Seigneur Jésus-Christ et pour la gloire de Dieu, notre Père.

Avec une foi semblable à celle du centurion, présentons à Dieu notre prière pour le salut de tous les hommes, nos frères.

- Pour ceux qui annoncent l'Évangile. Qu'ils le transmettent avec fidélité et intégrité.
- Pour ceux qui cherchent la vraie foi comme le centurion. Qu'ils rencontrent des témoins de Jésus.
- Pour ceux qui sont malades, « sur le point de mourir » comme le serviteur du centurion. Que notre prière les aide à se confier à l'amour de Dieu.

Écouter

Références bibliques
• **1 Rois 8**, 41-43 • **Psaume 116**, 1, 2 • **Galates 1**, 1-2, 6-10 • **Luc 7**, 1-10

Jésus était en route avec eux et déjà il n'était plus loin de la maison, quand le centurion lui fit dire par des amis : « **Seigneur**, ne prends pas cette peine, car **je ne suis pas digne que tu entres sous mon toit... Mais dis seulement un mot et mon serviteur sera guéri...**

De retour à la maison, les envoyés trouvèrent l'esclave en bonne santé.

Luc 7

Communier et témoigner

Retrouver notre dignité humaine quand la maladie, la souffrance nous rongent, cela est parfois bien difficile. Devenir dignes de l'amour de Dieu, cela nous est impossible par nous-mêmes.

Mais Dieu, inlassablement, nous invite dans sa maison. Il nous aime d'un amour infini. Il nous donne la dignité d'enfants de Dieu.

Il nous convie à le prier ainsi :

« Notre Père... »

« Son amour envers nous s'est montré le plus fort ; éternelle est la fidélité du Seigneur ! » (Psaume 116)

La force de l'amour de Dieu, sa fidélité envers l'humanité, c'est en Jésus-Christ qu'elles se révèlent pleinement. Il nous invite inlassablement à aimer. Il nous propose forces nouvelles en nous conviant à sa table.

Pleins de confiance, rendons-nous à ce repas. Ouvrons nos mains :

« Recevons le Pain de la Vie éternelle... »
(temps de communion et de silence)

A l'image du centurion, nous voulons te demander, Seigneur, des forces nouvelles pour guérir et retrouver notre dignité d'enfants de Dieu.

Pleins de courage nouveau, allons à la rencontre de nos frères et sœurs pour partager avec eux l'immense joie d'être aimés de Dieu.

Que Dieu, Père, Fils et Esprit-Saint, nous bénisse et nous garde dans son amour.

PRÉPARER ET SE PRÉPARER

Tonalité dominicale

En la voyant, le Seigneur fut saisi de pitié pour elle, et lui dit : « Ne pleure pas. »

Luc 7, 13

Chaque jour, notre journal nous adresse une litanie d'avis et de faire-part mortuaires. Jour après jour, des événements tragiques font les premières pages de nos informations.

Un instant, nous sommes émus. Nous rejoignons par la pensée et la prière ceux que touchent le malheur, le deuil, la solitude. Parfois même, nous osons nous hasarder à écrire quelques mots d'encouragement et de sympathie. Impossible, toutefois, de s'arrêter devant toute la misère du monde.

Dans l'Évangile d'aujourd'hui, deux foules marchent l'une vers l'autre. L'une joyeuse, l'autre malheureuse. Et, au cœur de ces foules, Jésus et la veuve, comme deux solitaires. Jésus incompris, bientôt abandonné à l'heure cruciale de sa Passion ! La veuve, incapable d'être rejointe au plus intime d'elle-même ! Personne, en effet, ne peut l'empêcher d'avoir perdu cet être cher sans lequel le monde est vide pour elle.

Jésus, ici, est pris d'un sentiment de pitié. Cette femme symbolise toute la détresse humaine. Détresse d'une vie ressentie comme inutile.

La veuve de Naïm ne fait rien, ne dit rien. Tout vient de Jésus. Le salut de Dieu nous vient gratuitement. Dieu nous aime parce qu'il est amour. Son amour, en nous, est source de vie.

- Sommes-nous attentifs à la peine des autres ?
- Savons-nous, parfois, deviner leurs souffrances cachées ?
- Osons-nous une parole, un geste de tendresse qui réconfortent et remettent en route ?

CÉLÉBRER

Accueillir

Seigneur,
• Fais-nous remonter de l'abîme. Guéris-nous.
Pour que nous soient épargnés les rires de l'ennemi.
Pardonne et prends pitié.
• Fais venir, avec le soir, les larmes de nos péchés.
Pour que, en nos matins, retentissent des cris de joie.
Pardonne et prends pitié.
• Change le deuil de nos fautes en une danse.
Pour que notre cœur soit en fête.
Pardonne et prends pitié.

Béni soit Dieu, qui, de semaine en semaine, continue de visiter nos communautés, leurs malades, leurs personnes âgées.

- Regarde, Seigneur, les veuves de notre communauté et tous ceux qui pleurent un être cher. Panse la plaie de leur cœur. Que ta paix adoucisse leur tristesse.
- Regarde, Seigneur, ceux qui tombent dans la médiocrité et le péché. Réveille-les par la puissance de ta grâce. Rends-les vivants à ton Église.
- Regarde, Seigneur, nos malades et nos personnes âgées. Compatis à leurs peines. Comble-les de ta joie et de ta paix.

Écouter

Références bibliques
• **1 Rois 17**, 17-24
• **Psaume 29**, 2, 4-6, 11, 13
• **Galates 1**, 11-19
• **Luc 7**, 11-17

Jésus arriva près de la porte de la ville de Naïm, au moment où l'on transportait un mort pour l'enterrer ; c'était un fils unique, et sa mère était veuve. Une foule considérable accompagnait cette femme. **En la voyant, le Seigneur fut saisi de pitié pour elle, et lui dit : « Ne pleure pas. »**

Luc 7

Communier et témoigner

Seigneur, tu es un Dieu d'amour et de miséricorde ! Sur la route de Naïm, Jésus, ton Fils, s'arrête et prend pitié de la veuve qui pleure la mort de son fils unique. Faisons confiance, à notre tour, en sa miséricorde. Demandons-lui de nous aider à retrouver des motifs d'espérance dans l'épreuve actuelle. Il est notre Père. Nous sommes ses enfants. Nous lui disons :

« Notre Père... »

« Le Seigneur est ma lumière et mon salut, qui pourrais-je craindre ? » (Psaume 26)

Dans nos craintes, nos peurs, nos angoisses, Seigneur Jésus, nous t'appelons à notre secours. Tu nous invites à nous tourner vers la lumière et à te recevoir chez nous. Bien plus encore, tu nous partages le Pain, source de vie en plénitude.

Approchons-nous de la table du Seigneur.

« Recevons le Corps du Christ... »
(temps de communion et de silence)

« Que mon cœur ne se taise pas,
Qu'il soit en fête pour toi,
Et que sans fin, Seigneur, mon Dieu,
je te rende grâce ! » (Psaume 29)

Seigneur, merci d'avoir épousé notre condition humaine. Tu viens nous rejoindre dans nos épreuves. Conforte en nous notre désir de lutter et de retrouver l'espérance jusqu'au jour où nous te rencontrerons dans ton Royaume.

Que Dieu nous bénisse, le Père qui nous a créés, le Fils qui nous a sauvés, l'Esprit qui nous a sanctifiés.

PRÉPARER ET SE PRÉPARER

Tonalité dominicale

> **« Je te le dis : si ses péchés, ses nombreux péchés sont pardonnés, c'est à cause de son grand amour. »**
>
> **Luc 7, 47**

Ne sommes-nous pas pareils à Simon ? Ne nous croyons-nous pas justes comme lui ?

Simon, dont nous parle l'Évangile, s'est installé dans sa propre justice. Il s'est fabriqué un Dieu qui doit condamner les pécheurs. Or, Dieu, en Jésus-Christ, ne juge pas. Il ne condamne pas les pécheurs, mais le péché.

Apprenons de Jésus à regarder les autres en vérité. Non pas avec une justice pharisienne, mais avec une justice inspirée par l'amour.

Ne faisons pas dire, à l'Évangile, ce qu'il ne nous recommande pas : être de grands pécheurs.

Pour rencontrer le Seigneur, ayons un cœur ouvert.

- Ne sommes-nous pas pareils à Simon, lorsque nous perdons le sentiment d'être pécheurs ?
- Regardons-nous Jésus comme notre Sauveur ?
- Demeurons-nous convaincus que l'amour du Christ pour les pécheurs est à même de transformer notre vie, si bas que nous soyons tombés ?

CÉLÉBRER

Accueillir

- Nous t'acclamons, Seigneur Jésus. Tu es le Dieu de tous les pardons. Nous t'implorons, pardonne nos fautes.

  Prends pitié de nous.

- Nous t'acclamons, Seigneur Jésus. Tu es le Dieu de toutes les délivrances. Nous t'implorons, pardonne nos esclavages.

  Prends pitié de nous.

- Nous t'acclamons, Seigneur Jésus. Tu es le Dieu de toutes les joies. Nous t'implorons, pardonne nos tristesses.

  Prends pitié de nous.

Qui est comme toi, Dieu notre Père, toi qui toujours pardonnes nos fautes et prends plaisir à faire grâce ?

Béni soit le Christ ! Il nous a aimés et s'est livré pour nous. A lui l'amour et la louange, aujourd'hui, demain et pour toujours.

Tous, nous avons besoin de la miséricorde de Dieu.

- Seigneur Jésus, tu as accueilli les larmes de la pécheresse. Tu lui as pardonné ses fautes.
- Seigneur Jésus, tu as voulu que des femmes t'accompagnent sur les routes de Galilée. Suscite, aujourd'hui encore, parmi nous, des apôtres qui mettent leur vie au service de ton Évangile.
- Seigneur Jésus, pour nous, tu as été cloué sur la croix. Donne-nous d'accueillir ta croix en notre vie. Apprends-nous à accepter, avec patience et humilité, nos contradictions et nos souffrances.

Écouter

« Je te le dis : si ses péchés, ses nombreux péchés, sont pardonnés, c'est à cause de son grand amour. » Mais celui à qui on pardonne peu montre peu d'amour.

Puis il s'adressa à la femme : « Tes péchés sont pardonnés. » Ta foi t'a sauvée. Va en paix !

Luc 7

Références bibliques
• **2 Samuel 12**, 7-10, 13 • **Psaume 31**, 1, 2, 5, 7, 10, 11 • **Galates 2**, 16, 19-21 • **Luc 7**, 36 –**8**, 3

Communier et témoigner

Aimer et se savoir pardonnés !

Nous avons tous besoin de pardon. C'est à la mesure où nous aurons aimé, que Dieu, à son tour, nous aimera jusqu'à oublier nos fautes. Il est notre Père. Nous pouvons, en toute confiance, le prier. Disons-lui :

« Notre Père... »

Dieu nous a envoyé son Fils pour renouer son alliance avec nous. Il vient habiter chez nous. Il nous propose son Pain de Vie. Il nous encourage à dépasser nos médiocrités, nos faiblesses. Il nous encourage à aimer. Aimer Dieu de toutes nos forces. Partager un amour fraternel avec nos proches.

Nous ne serons jamais dignes de mériter son pardon. Dans son amour infini, Jésus nous invite à son repas. Il nous partage son Pain :

« Le Corps du Christ... »

(temps de communion et de silence)

Invités à aimer, réconciliés avec Dieu, allons avec amour à la rencontre de nos proches.

Que le Dieu d'amour et de pardon nous bénisse. Lui qui est Père, Fils et Esprit-Saint.

PRÉPARER ET SE PRÉPARER

Tonalité dominicale

> **Dieu, tu es mon Dieu, je te cherche dès l'aube : mon âme a soif de toi.**
>
> **Psaume 62, 2**

Sommes-nous des chercheurs de Dieu ? Avons-nous soif de rencontrer, dès l'aube, le Seigneur ? Les fiancés n'ont pas coutume d'ajourner leurs rendez-vous. Ceux-ci s'inscrivent comme prioritaires dans leur emploi du temps.

Jésus, aujourd'hui, nous interroge : « Qui suis-je pour vous » ? Notre baptême nous unit à lui. Il nous rend solidaires de ses joies et de sa croix.

- Son amour vaut-il mieux que les attraits passagers de notre vie ? Notre cœur ne connaît-il pas parfois des périodes de sécheresse ?
- Allons-nous, alors, nous désaltérer à la source des Écritures Saintes et des sacrements ? Vivre la réconciliation ? Participer, régulièrement, à l'Eucharistie ?

Osons-nous prendre notre croix, chaque jour, pour suivre Jésus ? Ne durcissons pas nos cœurs. Faisons tout ce qui est en notre pouvoir pour atténuer la souffrance des autres. Jésus nous réquisitionne pour mener, avec lui, le combat contre la souffrance qui défigure nos frères. Ne nous laissons pas détruire par elle.

Avec Jésus, restons debout. Avec lui, apprenons que nos épreuves ne sont pas forcément des non-sens. A la lumière de sa croix, ne peuvent-elles pas devenir des occasions de mûrir et de grandir ?

CÉLÉBRER

Accueillir

- « Qui veut marcher à ma suite, qu'il renonce à lui-même. »
  Qu'il nous est difficile de renoncer à nous-mêmes ! De ne vivre que pour toi seul !
  Seigneur, pardonne-nous.

- « Qui veut marcher à ma suite, qu'il prenne sa croix et qu'il me suive. »
  Qu'il nous est difficile d'accepter, sans murmurer, les croix à porter !
  Seigneur, pardonne-nous.

- « Qui veut marcher à ma suite, qu'il perde sa vie pour moi, et il la sauvera. »

Qu'il nous est difficile de perdre notre vie pour qu'advienne ton Royaume !

Seigneur, pardonne-nous.

Répands sur ton Église, Seigneur, ton Esprit de sainteté et de pardon. Dirige nos yeux vers la Croix de ton Fils, Jésus. Conduis-nous à la vie éternelle.

« Ton amour vaut mieux que la vie ». Seigneur, fais-nous préférer ton amour à notre propre vie. Nous te le demandons du plus profond de notre cœur.

Écouter

Références bibliques
• **Zacharie 12**, 10-11 ; **13**, 1
• **Psaume 62**, 2, 3, 5, 8, 9
• **Galates 3**, 26-29
• **Luc 9**, 18-24

Dieu, tu es mon Dieu, je te cherche dès l'aube : mon âme à soif de toi : après toi languit ma chair, terre aride, altérée, sans eau.

Oui, tu es venu à mon secours : je crie de joie à l'ombre de tes ailes. Mon âme s'attache à toi, ta main droite me soutient.

Psaume 62

Communier et témoigner

Quand l'épreuve nous plonge dans les ténèbres, saurons-nous chercher une aube nouvelle et mettre notre confiance en Dieu ? Lui, notre consolateur ! Lui, la lumière de nos pas ! Lui, notre Père !

Jésus nous a appris à le prier :

« Notre Père... »

« Pour vous, qui suis-je ? » Pierre prit la parole et répondit : « Le Messie de Dieu. » Comme Pierre, saurons-nous répondre d'un même cœur : « Tu es l'Envoyé de Dieu ? » Il vient à notre rencontre pour nous inviter à partager le Pain. Seigneur, nous ne sommes pas dignes de te recevoir, mais dis seulement une Parole et nous serons guéris :

« Le Corps du Christ, signe de l'Alliance... »

(temps de communion et de silence)

« Celui qui veut marcher à ma suite, qu'il renonce à lui-même, qu'il prenne sa croix chaque jour, et qu'il me suive. »

Dans notre détresse s'ouvre un chemin de vie. Celui du Ressuscité ! Suivons-le. Il nous ouvre le chemin d'un Royaume où il n'y aura plus ni pleurs, ni peurs, ni ténèbres.

Reprenons courageusement la route. Ayons soif de Dieu. Discernons-le dans tous ces visages qui croiseront notre chemin.

Que Dieu, Père, Fils et Esprit-Saint, nous bénisse et nous garde à jamais.

PRÉPARER ET SE PRÉPARER

Tonalité dominicale

> **Vous avez été appelés à la liberté... Mettez-vous, par amour, au service les uns des autres.**
> **Galates 5, 13**

Baptisés, nous sommes appelés à la liberté. Nous exerçons notre liberté chaque fois que nous nous mettons au service des autres. Notre liberté est don de Dieu. Elle nous encourage à sortir de nos retranchements, de nos égoïsmes, de nos peurs.

Est libre celui qui prend, avec courage, la route de l'engagement et des responsabilités. Trop souvent nous tergiversons. Nous tournons en rond. Ne restons pas enfermés sur nous-mêmes. Mettons en œuvre nos généreuses intuitions et intentions.

Le Seigneur connaît notre cœur. Nous traînons parfois les pieds. Qu'il nous libère de nos égoïsmes qui, souvent, nous rendent sourds et aveugles. Ne laissons pas nos peurs paralyser nos élans d'attention aux autres.

- Pour suivre Jésus, débarrassons-nous de nos fausses richesses.

- Pour suivre Jésus, désencombrons-nous de nos soucis de paraître.
- Pour suivre Jésus, restons animés de l'intention sincère et droite de devenir ses vrais disciples.
- Ne sommes-nous pas trop souvent prisonniers de l'engrenage de l'avoir ?
- La vraie liberté n'est-elle pas celle de l'être, au service de Dieu et de nos frères ?

CÉLÉBRER

Accueillir

- Seigneur Jésus, tu brises nos chaînes. Tu nous invites à marcher dans la liberté de l'Esprit.

  Prends pitié de nous.

- Seigneur Jésus, tu nous affranchis de l'égoïsme. Tu nous confies le seul commandement de l'amour.

  Prends pitié de nous.

- Seigneur Jésus, tu brises les chaînes du mensonge. Tu nous délivres par ta vérité.

  Prends pitié de nous.

Lourdes sont les chaînes que nous portons. Dieu, notre Père, manifeste-nous ta miséricorde. Rends-nous libres. Que ton Esprit-Saint nous guide.

Tu nous appelles à te suivre, Seigneur Jésus. Accorde-nous de répondre à ton invitation.

- Donne-nous la force de ne jamais regarder en arrière, accorde-nous le courage de marcher vers ta croix de lumière.
- Trace une route à travers le désert de nos égoïsmes. Fais-nous marcher sous la conduite de ton Esprit.
- Sois attentif à nos frères et sœurs qui souffrent. Que la route ne soit pas trop dure pour leurs pieds meurtris.

Écouter

Références bibliques
• **1 Rois 19**, 16-21 • **Psaume 15**, 1, 2, 5, 7, 9-11 • **Galates 5**, 1-18 • **Luc 9**, 51-62

Frères, si le Christ nous a libérés, c'est pour que nous soyons vraiment libres.

Alors tenez bon et ne reprenez pas les chaînes de votre ancien esclavage.

Vous avez été appelés à la liberté. Mais que cette liberté ne soit pas un prétexte pour satisfaire votre égoïsme ; au contraire, **mettez-vous, par amour, au service les uns des autres.**

Galates 5

Communier et témoigner

Être appelés à la liberté... Se mettre au service les uns des autres.... Contradiction ? Dans un monde où les puissants semblent libérés de toutes contraintes, nous voici invités à nous mettre humblement au service les uns des autres. Seul l'amour peut éclairer cette contradiction. Aimer, c'est vouloir le bien du prochain. Dieu nous donne l'exemple parfait de l'amour. Il nous aime. Il est un Père pour nous. Nous pouvons le prier :

« Notre Père... »

Dieu nous a envoyé son Fils. Lui, Jésus, s'est mis au service de ses frères humains jusqu'à donner sa vie pour eux. Par amour, il nous partage, aujourd'hui, le Pain de Vie, nourriture capable de nous fortifier. Seigneur, nous n'en sommes pas dignes, mais nous te faisons confiance :

« Recevons le Corps du Christ... »
(temps de communion et de silence)

« Je n'ai pas d'autre bonheur que toi.
Tu m'apprends le chemin de la vie :
devant ta face, débordement de joie !... »

(Psaume 15)

Remplis de joie, car tu te veux notre compagnon de route, Seigneur, nous reprenons confiance. Notre cœur déborde de bonheur. Tu es venu habiter notre épreuve et nos souffrances.

Tu nous ouvres un nouveau chemin de vie. Il nous permettra de rencontrer nos proches, cette semaine, dans l'espérance du Royaume.

Seigneur, toi qui es Père, Fils et Esprit-Saint, bénis-nous. Garde-nous dans la volonté de rester au service de nos frères humains.

14e DIMANCHE DU TEMPS ORDINAIRE

PRÉPARER ET SE PRÉPARER

Tonalité dominicale

> **Il leur dit : « La moisson est abondante, mais les ouvriers sont peu nombreux. »**
>
> **Luc 10, 2**

Soixante-douze disciples ! Le symbole de toutes les nations auxquelles Dieu choisit de faire parvenir sa Bonne Nouvelle !

Jésus nous appelle à devenir ses ouvriers. Il nous invite à appeler nous-mêmes, sans cesse, des ouvriers pour sa moisson. La première tâche du disciple est de prier.

Le Corps entier de l'Église est évangélisateur. Annonçons, chacun pour notre part, la paix du Seigneur. « Il les envoya deux par deux... » Pas de chrétien franc-tireur ! La mission est communautaire. Elle nécessite l'esprit d'équipe, le sens de la communauté.

Envoyés, montrons-nous libres d'inventer de nouveaux chemins pour la mission de l'Église ! Débarrassons-nous des bagages encombrants.

L'essentiel n'est-il pas de nous en remettre à Dieu ? De nous fier à lui ?.Ne nous préoccupons pas, sans cesse, des résultats de nos démarches. N'oublions pas que notre liberté nous rend responsables des semailles, et non pas des rendements de la moisson !

Soyons nous-mêmes ! Sans inquiétude ! Sans crispation et sans angoisse ! Si nous ne sommes pas libres et libérés, comment pourrions nous libérer et guérir ?

CÉLÉBRER

Accueillir

- Ta Croix, Seigneur Jésus, est notre fierté.
  Parfois, nous en rougissons.
  Pardonne-nous, Seigneur.
- Ta Croix, Seigneur Jésus, est source de vie nouvelle.
  Parfois, nous laissons le péché nous vieillir.
  Pardonne-nous, Seigneur.
- Ta Croix, Seigneur Jésus, a marqué notre chair lors de notre baptême.
  Parfois, nous oublions que nous t'appartenons.
  Pardonne-nous, Seigneur.

Que Dieu, notre Père, nous fasse miséricorde. Qu'il crucifie le péché en nous. Que sa grâce soit avec nous.

Dieu ne reprend pas son amour. Implorons sa bonté pour le salut de tous les hommes, nos frères.

- Pour les missionnaires, qu'ils se ressourcent en ton amour. Que ta paix les accompagne.
- Pour ceux qui se consacrent au service des malades. Que leur dévouement soit une annonce de ton Royaume.
- Pour les enfants abandonnés et privés d'amour. Fais venir sur eux ta tendresse. Toi seul sais les consoler.

Fais de nous des semeurs de paix et de joie.

Écouter

Références bibliques
• **Isaïe 66**, 10-14 • **Psaume 65**, 2-6, 16, 20 • **Galates 6**, 14-18 • **Luc 10**, 1-12, 17-20

Parmi ses disciples, le Seigneur en désigna soixante-douze, et il les envoya deux par deux devant lui dans toutes les villes et localités où lui-même devait aller. **Il leur dit : « La moisson est abondante, mais les ouvriers sont peu nombreux**. Priez donc le maître de la moisson d'envoyer des ouvriers pour sa moisson. »

Luc 10

Communier et témoigner

Seigneur, tu nous manifestes ton amour infini. Tu nous confies la mission de porter au monde le message de l'amour fraternel. Toi-même, tu nous aimes comme un père aime ses enfants. Jésus, ton Fils, nous a appris à nous adresser à toi. Nous te disons :

« Notre Père... »

Aujourd'hui encore, Jésus nous envoie auprès de nos frères et sœurs. Nous sommes peureux. Nous sommes affaiblis par l'épreuve, la souffrance, l'âge. Il nous encourage. Il nous fortifie. Il nous invite à sa table pour un repas qui nous rassasie à jamais. Faisons-lui confiance. Ouvrons nos mains :

« Recevons le Corps du Christ... »

(temps de communion et de silence)

« La moisson est abondante, mais les ouvriers sont peu nombreux. » Combien, à l'aube de ce vingt et unième siècle, ces paroles sont d'actualité ! Avec le Pain que nous venons de manger, mets en nous, Seigneur, des forces nouvelles pour que nous annoncions au monde qui nous entoure la Parole qui libère, l'Amour qui sauve.

Rassurés pour notre avenir, dépassons nos peurs. Avec tous ceux que nous rencontrerons cette semaine, annonçons l'Évangile d'amour au monde qui en a tant besoin.

Que ta bénédiction, Dieu, Père, Fils et Esprit-Saint, fortifie nos résolutions. Qu'elle nous accompagne chaque jour.

PRÉPARER ET SE PRÉPARER

Tonalité dominicale

> **Elle est tout près de toi, cette Parole, elle est dans ta bouche et dans ton cœur afin que tu la mettes en pratique.**
>
> **Deutéronome 30, 14**

Il suffit d'aimer. La loi de Dieu est simple pour qui écoute. Le salut se joue dans nos attitudes, face au prochain. Tout ce que nous faisons à l'homme atteint Dieu. Se faire proche de celui qui est dans le besoin, c'est là l'impératif de la charité.

Revenir au Seigneur, notre Dieu, de tout notre cœur et de toute notre âme, n'est-ce pas mettre en pratique la Parole que le Seigneur met dans notre bouche et dans notre cœur ? Celle de nous montrer le prochain de ceux qui nous sont les plus proches ? de ceux qui sont dans le besoin ?

- Savoir nous arrêter auprès d'eux.

- Nous approcher d'eux.
- Manifester notre compassion à leur égard.
- Les prendre en charge jusqu'au bout.
- Épouser l'attitude du bon samaritain : faire de même pour eux.

Jésus est réaliste. Il se présente à nous, sous l'aspect d'un frère blessé, éprouvé.

Saurons-nous communier à Jésus, présent en tous ceux que le quotidien de notre vie nous fera rencontrer, abandonnés, au bord de la route ?

CÉLÉBRER

Accueillir

- Seigneur Jésus, image du Dieu invisible.
  Prends pitié de nous.
- Seigneur Jésus, tête de ton Église.
  Prends pitié de nous.
- Seigneur Jésus, paix de nos cœurs.
  Prends pitié de nous.

Nous te bénissons, Dieu notre Père, par ton Fils Jésus. Tu réconcilies la terre et le ciel. Pardonne-nous nos péchés. Tu nous as donné le commandement de l'amour. Apprends-nous à t'aimer en aimant nos frères.

Nous t'adressons notre prière, Seigneur. Dans ta grande miséricorde, réponds-nous.

- Donne à ton Église d'être le signe de la paix et de la réconciliation.
- Donne à tes disciples un cœur plein de compassion, semblable à celui du bon samaritain de l'Évangile.
- Donne à tous ceux que la vie a meurtris de trouver, auprès d'eux, des proches compatissants.
- Donne-nous de comprendre et d'aimer notre prochain, comme tu nous aimes.

Écouter

Références bibliques
• **Deutéronome 30**, 10-14 • **Psaume 18**, 8 – 11 • **Colossiens 1**, 15 – 20 • **Luc 10**, 25 – 37

Qui se rendra au-delà des mers nous la chercher et nous la faire entendre, afin que nous la mettions en pratique ? **Elle est tout près de toi, cette Parole, elle est dans ta bouche et dans ton cœur afin que tu la mettes en pratique.**

Deutéronome 30

Communier et témoigner

Dans les épreuves et les soucis de notre vie, nous oublions parfois, Seigneur, que tu es tout près de nous. Prisonnière des ténèbres de nos égoïsmes, ta Parole cherche à libérer notre cœur. Tu es notre Père qui nous aime malgré nos oublis. Nous te prions et te disons :

« Notre Père... »

Pour mettre en pratique ta Parole, nous avons besoin, Seigneur, que tu renouvelles nos forces. Tu nous as envoyé ton Fils. Il nous invite à goûter à une nourriture de vie. Elle est capable de nous remettre debout. Ouvrons nos mains pour accueillir le Pain de Vie :

« Le Corps du Christ... »

(temps de communion et de silence)

Ta lumière, Seigneur, éclaire, à nouveau, notre cœur. Ta Parole est dans notre bouche. Avec ton aide, nous voulons la mettre en pratique.

Que Dieu, Père, Fils et Esprit-Saint, nous bénisse et nous garde dans un amour fraternel.

Allons partager avec nos proches, nos motifs d'espérance en la venue d'un monde de paix et d'entraide.

PRÉPARER ET SE PRÉPARER

Tonalité dominicale

> **Vous vous étendrez sous cet arbre. Je vais chercher du pain, et vous reprendrez des forces avant d'aller plus loin...**
>
> **Genèse 18, 4-5**

Dormir, nous nourrir. Deux besoins vitaux. Inviter à sa table celui qui vient de faire un grand voyage, lui offrir de se reposer pour refaire ses forces, voilà l'hospitalité qu'offrait déjà Abraham aux trois voyageurs de passage ! Son accueil est empressé et plein de ferveur. Il se hâte de leur préparer à manger. Leur venue est pour lui un événement.

Jésus aimait les relations humaines. Il a connu l'amitié. Il a apprécié l'hospitalité. Songeons à ses haltes à Béthanie ! L'Évangile de Marthe et Marie nous rappelle combien nos rencontres ne doivent pas passer à côté de l'essentiel : l'écoute de la Parole de Dieu !

Dieu donne toujours à qui le reçoit. Accueillir la Parole de Dieu est toujours source de fécondité.

Admirons l'empressement d'Abraham et de Marie ! Quelles attentions délicates à l'égard des autres !

- Quand nous recevons les autres, sommes-nous conscients d'être enrichis par leur présence ? Rappelons-nous les propos de l'épître aux Hébreux : « N'oubliez pas l'hospitalité ! Grâce à elle, quelques-uns, à leur insu, hébergèrent des anges ! » (Hébreux 13, 2)
- Comment pratiquons-nous l'écoute de la Parole de Dieu ? Prenons-nous le temps de nous asseoir ?

CÉLÉBRER

Accueillir

- C'était, en réalité, Dieu qu'Abraham accueillait. Savons-nous accueillir Jésus en la personne de l'étranger ?

Seigneur, prends pitié.

- C'était, en réalité, la souffrance de Jésus que Paul accueillait. Savons-nous accueillir ceux qui souffrent ?

O Christ, prends pitié.

- C'était, en réalité, Jésus que Marthe et Marie ont accueilli. Savons-nous, comme Marthe, servir Jésus en nos proches ? Savons-nous, comme Marie, faire silence et écouter la Parole de Dieu ?

Seigneur, prends pitié.

Béni sois-tu, Seigneur ressuscité ! Tu es au milieu de nous. Tu es notre espérance. Habite notre prière. Que toute notre vie rende gloire à ton Père, dans l'unité d'amour du Saint-Esprit.

Confions notre prière au Christ Jésus.

- Pour les ministres de l'Évangile. Qu'ils annoncent l'espérance par toute leur vie.
- Pour ceux qui participent aux souffrances du Christ dans leur chair ou dans leur cœur. Que leurs épreuves leur ouvrent un chemin de résurrection.
- Pour les couples qui n'ont pas d'enfants. Qu'ils participent à la grâce d'Abraham et de Sarah.

Écouter

Références bibliques
• **Genèse 18**, 1-10 • **Psaume 14**, 1-5 • **Colossiens 1**, 24-28 • **Luc 10**, 38-42

Abraham dit : « Seigneur, si j'ai pu trouver grâce à tes yeux, ne passe pas sans t'arrêter près de ton serviteur... On va vous apporter un peu d'eau, vous vous laverez les pieds, et **vous vous étendrez sous cet arbre. Je vais chercher du pain et vous reprendrez des forces avant d'aller plus loin**, puisque vous êtes passés près de votre serviteur ! » Ils répondirent : « C'est bien. Fais ce que tu as dit. »

Genèse 18

Communier et témoigner

Fatigués, nous le sommes, Seigneur. Les soucis, la maladie, l'âge affaiblissent notre corps. Nous nous confions en toi. Nous t'implorons. Accorde-nous le courage de reprendre la route. Tu es notre Père. Nous te disons :

« Notre Père... »

A l'exemple d'Abraham, qui propose pain et eau au voyageur qui passe, Jésus nous invite à reprendre des forces nouvelles au moment de l'épreuve. Il nous convie à table pour nous nourrir d'un Pain qui nous fortifiera pour toujours. Seigneur, nous avons besoin que tu nous aides. Nous sommes parfois si las. Pleins de confiance, ouvrons maintenant nos mains :

« Voici le Corps du Christ... »

(temps de communion et de silence)

Fortifiés, reprenons la route de la vie. Joyeux de ne plus être seuls ! Confiants en la Parole de Dieu ! Pleins de l'espérance de la venue du Royaume !

Partageons notre amour fraternel avec celles et ceux qui croiseront notre route, cette semaine. Vivons ensemble de la confiance que Dieu met en nous.

Demandons la bénédiction de Dieu, Père, Fils et Esprit-Saint.

Dépassons nos peurs. Refaisons confiance en la vie.

PRÉPARER ET SE PRÉPARER

Tonalité dominicale

> **« Seigneur, apprends-nous à prier, comme Jean-Baptiste l'a appris à ses disciples. »**
>
> **Luc 11, 1**

« Un jour, quelque part, Jésus était en prière. » Prier, pour Jésus, n'était pas un à-côté. Sa prière était comme sa respiration. Il priait souvent. Il priait beaucoup. Au point d'impressionner ses disciples, désireux d'apprendre de lui à prier.

Prier, c'est entrer en dialogue avec notre Père. Il aime le dialogue. Il accepte la contestation. Échangeons avec lui. Discutons ensemble. Il aime que nous insistions. Apprenons à prier comme si tout dépendait de nous. Apprenons à agir, comme si tout dépendait de Dieu.

Prions, avec cœur, le « Notre Père. » Plus qu'une formule, c'est, là, le condensé des attitudes fondamentales de toute vraie prière ; de toute vraie prière communautaire. Nous sommes les enfants bien-aimés de notre Père. Demandons, en conséquence, ce qui est conforme à son plan d'amour.

- Soyons audacieux...
- Montrons-nous persévérants...

Jésus nous y encourage :

- Demandez et vous recevrez.
- Cherchez et vous trouverez.
- Frappez à la porte et l'on vous ouvrira.

Demandons, surtout et plus que tout, l'Esprit-Saint !

Nos demandes seront-elles :

- désintéressées ?
- universelles ?
- insistantes ?

CÉLÉBRER

Accueillir

- « Demandez et vous recevrez. » Trop souvent, nous ne demandons rien, ou des riens. Pardonne-nous, Seigneur, de te prier si mal.

  Kyrie eleison.

- « En toute circonstance, rendez grâce à Dieu, notre Père. » Trop souvent, nous oublions de te dire merci. Pardonne-nous, Seigneur, de te prier si mal.

  Kyrie eleison.

- « Le Christ Jésus est toujours vivant pour intercéder en notre faveur. » Trop souvent, nous oublions de prier pour nos frères. Pardonne-nous, Seigneur, de te prier si mal.

  Kyrie eleison.

Dieu, si proche des hommes, tu nous invites à te prier en toute confiance, au nom de ton Fils et dans la liberté de l'Esprit. Mets en nous l'audace

- de demander pour recevoir
- de chercher pour trouver
- de prier pour que ton règne vienne.

Dieu, notre Père, tu nous apprends que c'est dans la prière que se trouvent la paix et la joie de notre vie. Fais de nous des hommes et des femmes de prière qui soient, sans cesse, à l'écoute de ta Parole.

Nous recommandons à ta miséricorde

- ceux qui se sont confiés à notre prière,
- ceux que nous risquons d'oublier dans la prière, mais dont tu connais les noms.

Écouter

Références bibliques
• **Genèse 18**, 20-32 • **Psaume 137**, 1-8 • **Colossiens 2**, 12-14 • **Luc 11**, 1-13

Un jour, quelque part, Jésus était en prière. Quand il eut terminé, un de ses disciples lui demanda : **« Seigneur, apprends-nous à prier, comme Jean-Baptiste l'a appris à ses disciples. »**

Luc 11

Communier et témoigner

Dans la maladie, la solitude, les crises, nous éprouvons un grand besoin de prier. Cependant, il n'est pas toujours facile d'adresser nos prières à notre Dieu. Nous ne savons plus comment le rejoindre. Jésus nous apprend à nous adresser au Père. A lui dire avec la simplicité de l'enfant :

« Notre Père... »

Prier Dieu, c'est lui faire confiance. Son Fils, Jésus, nous rejoint dans notre faiblesse humaine. Il veut nous fortifier en nous proposant son Pain de Vie. Il connaît nos manques de confiance. Il connaît nos peurs. Il vient à notre rencontre. Il nous ouvre le chemin de la vie.

En toute confiance, nous nous approchons de sa table :

« Ouvrons nos mains pour recevoir
le Corps du Christ... »
(temps de communion et de silence)

« Demandez, vous obtiendrez ; cherchez, vous trouverez ; frappez, la porte sera ouverte... Le Père céleste donnera l'Esprit-Saint à ceux qui le lui demandent ! »

Donnons son vrai sens à notre prière. Elle est d'abord faite pour louer Dieu ! Demandons l'Esprit ! Découvrons l'amour de Dieu, inlassablement, près de nous. Son Fils est notre compagnon de route. Il nous donne de retrouver paix, forces nouvelles, confiance et espérance.

Nous retrouverons alors un sens à notre vie et nous pourrons partager l'amour fraternel avec nos proches.

Que le Seigneur nous bénisse, lui qui est Père, Fils et Esprit-Saint.

PRÉPARER ET SE PRÉPARER

Tonalité dominicale

> **Débarrassez-vous des agissements de l'homme ancien qui est en vous, et revêtez l'homme nouveau...**
>
> **Colossiens 3, 9-10**

Revêtir l'homme nouveau, c'est revêtir le Christ. Souvenons-nous de notre baptême. Souvenons-nous du vêtement blanc, qui en était le signe. Par leur parole et leur exemple, parents et amis en étaient, alors, témoins. Ils nous ont aidés à garder intacte notre dignité de filles et de fils de Dieu.

Où en sommes-nous de notre baptême ?

- Nous sommes-nous cantonnés à la pratique d'une foi routinière ?
- Notre vie chrétienne nous apprend-elle, tout au contraire, à rechercher les réalités d'en-haut ? A en vivre ?
- Aujourd'hui, dans un monde de large permissivité, osons-nous vivre « autrement » ? Selon les mœurs évangéliques ?

Nous prévoyons, nous planifions, nous programmons sans cesse...

- Mesurons-nous le caractère éphémère et fragile de nos projets ?
- Dieu a-t-il sa vraie place dans nos agendas ?

Devenons riches en vue de Dieu ! Employons nos richesses à faire le bien.

CÉLÉBRER

Accueillir

- Tu as ouvert tes bras aux pauvres, aux malades et aux pécheurs. Fais de nous des hommes libres.
  Seigneur, prends pitié de nous.

- Tu as livré tes mains aux clous de tes bourreaux. Fais de nous des hommes libres.
  O Christ, prends pitié de nous.

- Tu as tout donné, jusqu'à ta vie même. Fais de nous des hommes libres.
  Seigneur, prends pitié de nous.

Dieu, notre Père, tu nous révèles la seule vraie richesse : ton Fils. Que ta Parole, en ce jour, libère notre cœur et nos mains. Qu'elle nous ouvre le chemin de l'amour et du partage fraternels.

Prions Dieu, notre Père, de nous donner de comprendre ce qui est vanité et de nous donner le goût de la vraie sagesse.

« Vanité des vanités, tout est vanité »,

- sauf de s'approcher du Seigneur, jour après jour,
- sauf de rechercher, avec le Ressuscité, les réalités d'en haut,
- sauf de faire mourir en soi les désirs mauvais,
- sauf de laisser la beauté du Christ éclairer nos cœurs.

Écouter

Références bibliques
• **Ecclésiaste 1**, 2 – **2**, 23 • **Psaume 89**, 3-6, 12-14, 17 • **Colossiens 3**, 1-11 • **Luc 12**, 13-21

Frères, vous êtes ressuscités avec le Christ. Recherchez donc les réalités d'en haut... Tendez vers les réalités d'en haut, et non pas vers celles de la terre...

Débarrassez-vous des agissements de l'homme ancien qui est en vous, et revêtez l'homme nouveau, celui que le Créateur refait toujours neuf à son image pour le conduire à la vraie connaissance.

Colossiens 3

Communier et témoigner

Revêtir l'homme nouveau, c'est transformer notre projet de vie. C'est redonner sens à notre vie, malgré épreuves et souffrances, peurs et solitudes. C'est faire confiance à un Dieu d'amour qui nous appelle ses enfants.

Jésus nous a appris à le prier ainsi :

« Notre Père... »

Pour nous débarrasser des agissements de l'homme ancien qui est en nous, nous avons, tout d'abord, à trouver des forces nouvelles pour nous remettre en route. Jésus, notre frère en humanité, nous propose, aujourd'hui, une nourriture de vie. Il nous partage son Pain. Il vient nous rejoindre. En toute confiance, nous ouvrons nos mains et nous l'accueillons :

« Recevons le Corps du Christ... »
(temps de communion et de silence)

« Rassasie-nous de ton amour, au matin,
Que nous passions nos jours dans la joie et les chants.
Que vienne sur nous la douceur
du Seigneur notre Dieu... » (Psaume 89)

Revêtir l'homme nouveau, c'est nous habiller de la douceur de Dieu. Faisons confiance en sa Parole. Changeons nos cœurs. Obéissons à sa Loi et convertissons-nous. Donnons suite à son message d'amour. Aimons à notre tour.

Alors nous pourrons repartir sur le chemin de la vie. Partir à la rencontre de nos proches pour un partage d'amour fraternel.

Que Dieu bénisse en nous l'homme nouveau. Il est Père, Fils et Esprit-Saint.

PRÉPARER ET SE PRÉPARER

Tonalité dominicale

> **Que ton amour, Seigneur, soit sur nous comme notre espoir est en toi !**
>
> **Psaume 32, 22**

Croire, c'est nous mettre en route vers Dieu. Dieu, lui aussi, s'est mis en route. Il vient à notre rencontre. Son amour est sur nous. Notre espoir est-il en lui ? Il appelle Abraham. Il suscite Moïse et les prophètes. Il vient lui-même, à nous, en Jésus-Christ. Ses paroles ne cessent de chercher le chemin de nos cœurs. Il veille sur nous. Il nous libère de nos peurs. Il nous garde en vie aux jours de sécheresse spirituelle.

- Attendons-nous, vraiment, notre vie du Seigneur ?
- Est-il pour nous un réel appui ?
- Sa parole ne se heurte-t-elle pas encore, trop souvent, aux barrières de nos préoccupations, de nos tumultes intérieurs, de nos précipitations, de nos stress ?

Croire, c'est mettre notre espoir dans le Seigneur. Faire preuve de vigilance. Non pas de méfiance ou de peur, mais d'espoir et de confiance.

Croire, c'est tout miser sur l'espérance de Dieu, qui jamais ne déçoit. Discerner les vraies valeurs dans les événements et les personnes rencontrées.

Croire, c'est interroger les événements de notre vie et les éclairer à la lumière de la Parole de Dieu. Avons-nous l'habitude de le faire ?

N'oublions jamais que l'Eucharistie est l'heure, où Dieu vient nous faire passer à table et nous servir. Temps privilégié, où nous remettre à l'heure de Dieu. Autrement dit : en tenue de service, nos lampes allumées !

CÉLÉBRER

Accueillir

• Seigneur Jésus, toi la lumière qui brille au milieu de nos ténèbres.

Prends pitié de nous.

• Seigneur Jésus, toi le maître qui revient au milieu de la nuit pour nous servir.

Prends pitié de nous.

Dieu, maître du temps, sans nous révéler ni le jour, ni l'heure, tu nous promets un avenir de joie et de lumière auprès de toi. Garde-nous vigilants dans l'espérance et ouverts aux signes de l'Esprit-Saint. Que la venue de ton Fils, loin de nous surprendre, soit notre bonheur pour toujours.

Que notre prière soit celle d'un peuple de veilleurs, de témoins et de frères.

- Donne-nous, Seigneur, la foi d'Abraham et de Sarah, qui espéraient contre toute espérance.
- Donne-nous, Seigneur, la foi de Marie qui fut proclamée bienheureuse pour avoir cru.
- Donne-nous, Seigneur, la foi des pauvres qui choisissent de demeurer en toi.
- Donne-nous, Seigneur, la foi des saints qui ont gardé allumée la lampe de leur amour.

Écouter

Criez de joie pour le Seigneur, hommes justes !

Hommes droits, à vous la louange !

Nous attendons notre vie du Seigneur ;

Il est pour nous un appui, un bouclier.

Que ton amour, Seigneur, soit sur nous comme notre espoir est en toi !

Psaume 32

Références bibliques
• **Sagesse 18**, 6-9 • **Psaume 32**, 1, 12, 18-20, 22 • **Hébreux 11**, 1-19 • **Luc 12**, 32-48

Communier et témoigner

Du fond de notre détresse, nous crions vers toi, Seigneur ! « Que ton amour soit sur nous comme notre espoir est en toi ! » Nous savons bien que tu nous aimes. Tu es notre Père. Nous sommes tes enfants. Pleins de confiance, nous te disons :

« Notre Père... »

Découragés, apeurés, Seigneur Jésus, tu nous appelles à reprendre confiance. Tu nous confies ton projet de vie. Tu nous rejoins, là où nous en sommes. Tu nous proposes ton Pain de Vie.

Nous ne sommes pas dignes de ta confiance, mais ton amour dépasse nos peurs :

« Recevons le Corps du Christ,
source d'amour infini... »
(temps de communion et de silence)

Fortifiés par ta présence en nous, nous pouvons reprendre goût à notre avenir et espoir sur le long chemin qui, petit à petit, nous conduira à la rencontre de notre Dieu Créateur et Dieu d'Amour.

Nos proches sont là. Ils nous visiteront cette semaine. Avec eux, partageons nos motifs d'espérance en la promesse de vie que Dieu nous renouvelle sans cesse.

Pleins de confiance et de joie, demandons à Dieu de nous bénir. Lui qui est Père, Fils et Esprit-Saint.

Demeurons dans la paix du Consolateur !

PRÉPARER ET SE PRÉPARER

Tonalité dominicale

> **Je suis pauvre et malheureux, mais le Seigneur pense à moi. Tu es mon secours, mon libérateur : mon Dieu, ne tarde pas.**
>
> **Psaume 39, 18**

Le Seigneur pense à nous. Il ne tarde jamais à nous libérer de nos tiédeurs. Il répand, en nos cœurs, la ferveur de sa charité. Sans se lasser, il nous tend ses mains pour nous retirer de la vase et de la boue de nos péchés. Il a hâte de nous faire reprendre pied sur le roc de la confiance, de l'espérance et de la sérénité. Il raffermit nos pas.

L'Évangile est un feu qui éprouve. Ses exigences ne manquent jamais de susciter des oppositions, des résistances. Devant lui, personne ne peut rester neutre. Il nous invite à bien nous situer. « Qui n'est pas avec moi, est contre moi ; qui n'amasse pas avec moi, disperse. » « Que votre oui soit oui, que votre non soit non. »

La foi nous conteste d'abord nous-mêmes. Avant de

juger les autres, laissons les événements interpeller nos propres façons de vivre. La foi nourrit en nous une force de contestation fraternelle.

L'Eucharistie est le sacrement de la paix. Une paix qui ne gomme pas les luttes à mener pour la victoire de la vérité et de la justice.

- Restons-nous conscients du dynamisme de l'Eucharistie qui nourrit et oriente notre vie ?

CÉLÉBRER

Accueillir

- Seigneur Jésus, tu es venu apporter le feu sur la terre. Parfois, nous le laissons s'éteindre dans la cendre de nos péchés.
  Pardonne-nous, Seigneur.
- Seigneur Jésus, tu as été baptisé dans la souffrance de ta Passion. Parfois, nous refusons de prendre notre part de souffrance.
  Pardonne-nous, Seigneur.
- Seigneur Jésus, tu es venu nous initier au combat contre l'injustice. Parfois, nous préférons la tranquillité de notre égoïsme à la lutte pour le Royaume.
  Pardonne-nous, Seigneur.

Dieu, qui aimes la droiture, convertis nos cœurs par le feu de ta Parole. Garde-nous des compromis faciles, des alliances malhonnêtes, d'une paix qui n'est qu'indifférence. Donne à tes enfants assez de foi pour ne pas déserter les vraies causes des hommes.

- Prions, ensemble, pour l'Église. Qu'elle entretienne, avec fidélité, le feu que Jésus est venu allumer sur la terre. Que ce feu nous brûle d'amour. Qu'il réchauffe les pauvres. Qu'il éclaire ceux qui sont dans les ténèbres.
- Prions pour les personnes qui souffrent. Qu'elles reprennent pied sur le roc de la miséricorde divine.

Écouter

Références bibliques
• **Jérémie 38**, 4-10 • **Psaume 39**, 3-4, 18 • **Hébreux 12**, 1-4 • **Luc 12**, 49-53

D'un grand espoir, j'espérais le Seigneur : Il s'est penché vers moi pour entendre mon cri.

Je suis pauvre et malheureux, mais le Seigneur pense à moi. Tu es mon secours, mon libérateur : mon Dieu, ne tarde pas.

Psaume 39

Communier et témoigner

Pauvres et malheureux, nous le sommes dans nos épreuves et notre solitude. Ne restons pas enfermés dans des sentiments d'abandon et de résignation. Le Dieu qui nous a créés est un Dieu qui nous aime. Il est notre Père. Nous sommes ses enfants. Disons-lui :

« Notre Père... »

« Tu es mon secours, mon libérateur : mon Dieu ne tarde pas. » Aujourd'hui même, le Seigneur Jésus répond à notre appel. Il vient à notre secours. Il nous libère de nos angoisses. Il nous invite à sa table pour partager un repas de fête. Il devient notre compagnon de route.

Seigneur, nous ne sommes pas dignes de te recevoir, mais dis une parole et nous serons réconfortés :

« Recevons le Corps du Christ... »
(temps de communion et de silence)

« D'un grand espoir, j'espérais le Seigneur :
il s'est penché sur moi pour entendre mon cri. »
(Psaume 39)

Seigneur, tu as répondu à notre espoir. Tu nous as rejoint dans notre nuit. Tu as entendu notre cri. Tu as illuminé notre cœur d'une nouvelle espérance.

Pleins de confiance, nous reprenons courage. Avec nos proches, avec ceux qui nous soignent et nous visitent, nous nous réjouissons de tous nos motifs d'espérer en un avenir plein de richesses nouvelles.

Demandons à Dieu de nous bénir. Lui qui est Père, Fils et Esprit-Saint.

PRÉPARER ET SE PRÉPARER

Tonalité dominicale

> **Il est écrit : « Redonnez de la vigueur aux mains défaillantes et aux genoux qui fléchissent. »**
> **Hébreux 12, 12**

Demandons à Dieu de mettre en nos cœurs un unique désir : celui d'aimer ce qu'il nous met à cœur. D'attendre, avec persévérance, ce qu'il nous promet.

Au milieu des changements de ce monde, nous sommes souvent désorientés. Nous risquons de nous laisser aller à la facilité, de nous disperser en quête de plaisirs superficiels et éphémères.

Saurons-nous redonner de la vigueur aux mains défaillantes ? A ceux qui risquent de s'égarer dans les impasses de paradis artificiels ?

Recevoir une leçon ne suscite pas en nous de la joie et de l'enthousiasme. Pourtant, il est des leçons qui, après coup, nous ouvrent à une vraie paix intérieure, à plus de maturité spirituelle.

Les leçons de Dieu ne sont jamais des punitions. Elles visent à fortifier notre foi. A lui épargner de s'enliser dans la facilité mensongère.

Les leçons divines visent à

- Réveiller notre foi somnolente et donner à notre vie chrétienne un nouveau dynamisme.
- Faire le deuil de nos illusions pour mieux communier au réel.
- Nous réconforter et indiquer des chemins praticables à ceux qui boitent.

CÉLÉBRER

Accueillir

- Seigneur Jésus, tu as pris, avec courage, le chemin de Jérusalem pour ouvrir à tes frères le passage vers la vie. Montre-nous la route.

  Kyrie eleison.

- O Christ, tu as ouvert tes bras sur la Croix pour rassembler en un seul peuple tes frères dispersés. Montre-nous la route.

  Kyrie eleison.

- Seigneur, tu es monté près de ton Père pour nous envoyer l'Esprit qui nous soutient et nous rend fidèle. Montre-nous la route.

  Kyrie eleison.

Dieu, Père de tous les hommes, tu nous envoies Jésus. Ses bras en croix rassemblent les invités de ton amour. Par lui seul, nous parviendrons jusqu'à toi. Garde larges ouvertes les portes de la salle de ton banquet. Accorde-nous d'être, au milieu de nos frères, les messagers de ton amour.

Nous te prions :

- Pour l'Église. Qu'elle soit signe de salut.
- Pour les parents et les enfants. Qu'ils vivent en bonne entente.
- Pour ceux qui sont tentés de s'arrêter en route, par tristesse ou par découragement. Qu'ils soient affermis dans leur foi.
- Pour nous tous. Que nous ayons le courage et la force d'entrer par la porte étroite.

Écouter

Références bibliques
• **Isaïe 66**, 18-21 • **Psaume 116**, 1, 2 • **Hébreux 12**, 5-13 • **Luc 13**, 22-30

Il est écrit : « Redonnez de la vigueur aux mains défaillantes et aux genoux qui fléchissent » et « Nivelez la piste pour y marcher. » Ainsi, celui qui boite ne se tordra pas le pied ; bien plus, il sera guéri.

Hébreux 12

Communier et témoigner

Nos forces nous trahissent. Nous avons de la peine à émerger de nos ténèbres. Dieu est là, lumière dans notre vie. Il nous aime d'un amour infini. Il est notre Père. Nous sommes ses enfants. Jésus nous a appris à le prier ainsi :

« Notre Père... »

Nous avons besoin de vigueur nouvelle pour assurer nos pas. Plus encore, nous avons besoin de forces nouvelles pour reprendre goût à la vie. Toi, Seigneur Jésus, tu nous invites, fidèlement, à ta table. La nourriture que tu nous proposes nous fortifiera à jamais.

Seigneur, nous ne sommes pas dignes de te recevoir, mais dis seulement une parole et nous serons guéris.

« Ouvrons nos mains pour accueillir le Pain de Vie... »
(temps de communion et de silence)

Remplis d'énergies nouvelles, repartons sur la route où tu nous invites à marcher avec toi, Seigneur. Allons à la rencontre de tous nos frères et sœurs. Partageons avec eux, tout au long de cette semaine, nos motifs d'espérance et de vie.

Que le Seigneur nous bénisse. Lui qui est Père, Fils et Esprit-Saint. Qu'il nous conforte dans notre désir de vivre. Qu'il nous donne de retrouver paix et confiance.

PRÉPARER ET SE PRÉPARER

Tonalité dominicale

> **Mon fils, accomplis toute chose dans l'humilité, et tu seras aimé plus qu'un bienfaiteur.**
> **Ben Sirac le Sage 3, 17**

Tout accomplir dans l'humilité ! Dieu élève les humbles. L'humilité est une qualité divine. Une passion divine ! Elle a pris chair en Jésus.

L'humilité rend libre et disponible. Jamais elle ne refuse les dons de Dieu. Témoin de lucidité, jamais, elle n'entraîne au désespoir. L humilité m'invite à me tenir devant Dieu, tel que je suis. Sans me surestimer, ni me mésestimer. Cheminer et accomplir toute chose dans l'humilité, c'est progresser sur une route, où Dieu, en Jésus-Christ, nous précède.

L'humilité engendre le courage de la foi. Un courage pascal, fait de mort et de résurrection.

L'humilité engendre la générosité. Elle lève en nous les doutes, les obstacles, les scrupules, les hésitations qui, trop souvent, freinent ou bloquent notre action.

Qu'en est-il de notre conception de l'humilité ?

- Sommes-nous convaincus qu'elle élargit notre cœur ?
- Nous rend-elle disponibles au dessein de Dieu ?
- Saura-t-elle nous inviter à un regard qui, toujours, relève et libère ?

CÉLÉBRER

Accueillir

- Seigneur Jésus, tu es venu, non pour être servi, mais pour servir.

  Pardonne nos refus de servir.

- O Christ, tu es venu appeler non pas les justes, mais les pécheurs.

  Pardonne nos lâchetés.

- Seigneur, tu es venu ouvrir à tous, les portes du festin du Royaume.

  Pardonne nos manques d'amour.

Seigneur Dieu, tu ne cesses de nous surprendre. Ton Fils a pris la dernière place pour entrer dans ta gloire. Que ton Esprit bouleverse nos évidences humaines. Qu'il nous initie au monde nouveau où prime l'esprit de service.

- Envoie ton Esprit-Saint sur ton Église. Qu'il en fasse une demeure accueillante aux pauvres et aux humbles.
- Envoie ton Esprit-Saint sur chacun de nous. Qu'il nous convertisse quand nous recherchons les premières places.

Écouter

Références bibliques
• **Ben Sirac le Sage 3**, 17-29 • **Psaume 67**, 4-7, 10, 11 • **Hébreux 12**, 18-24 • **Luc 14**, 1-14

Mon fils, accomplis toute chose dans l'humilité, et tu seras aimé plus qu'un bienfaiteur. Plus tu es grand, plus il faut t'abaisser : tu trouveras grâce devant le Seigneur. La puissance du Seigneur est grande, et les humbles lui rendent gloire.

Ben Sirac le Sage 3

Communier et témoigner

Dans le texte de ce jour, Ben Sirac le Sage nous appelle à l'humilité dans notre façon de vivre. Nos épreuves ne nous rappellent-elles pas qu'il est vain de trop vouloir croire en nos propres forces ?

Humblement, faisons appel à l'amour de Dieu. Il redonnera sens à ce que nous vivons. Lui seul est maître de la vie. Il est aussi un Père qui nous aime. Nous pouvons lui dire :

« Notre Père... »

Aujourd'hui même, l'amour de Dieu nous rejoint, plus particulièrement, par le don de son Fils qui veut nous partager le Pain. Il est notre frère et notre compagnon de route. La nourriture qu'il nous propose est source de forces nouvelles. Humblement, approchons-nous de sa table, où il nous fait place.

« Recevons le Corps du Christ... »
(temps de communion et de silence)

« L'idéal du sage, c'est une oreille qui écoute. »
(Ben Sirac)

Dieu a écouté nos appels. Il est venu nous rejoindre. A notre tour, saurons-nous écouter les appels silencieux de tous ceux qui croiseront notre route, cette semaine ? Saurons-nous reconnaître que nous sommes pauvres dans notre façon d'agir ?

Que le Seigneur nous bénisse. Lui qui est Père, Fils et Esprit-Saint.

Reconnaissons notre fragilité et nos manques de confiance. L'amour de Dieu est plus grand que notre cœur.

PRÉPARER ET SE PRÉPARER

Tonalité dominicale

Quel homme peut découvrir les intentions de Dieu ?
Qui peut comprendre les volontés du Seigneur ?
Sagesse 9, 13

Seuls, nous sommes démunis. Incapables de comprendre, en vérité, les volontés de Dieu. Pénétrer l'œuvre de Dieu est un don de Dieu. Chercher sa sagesse, c'est espérer ardemment son Esprit-Saint. Lui seul nous donnera de discerner, de bien réfléchir, de bien agir.

Gardons-nous de nous lier, aveuglément, à nos constructions imaginaires. Écoutons la sagesse de Dieu. Elle nous apprend la vraie mesure de nos jours. Elle nous accorde la vraie liberté. Elle nous invite à nous asseoir pour bien prévoir. Elle nous convie à regarder avec les yeux du Christ. Elle nous dépouille de l'accessoire, de l'encombrant, de l'inutile. Elle nous libère de nos fausses sécurités...

Nous sommes habités de désirs. Parfois, paralysés par nos angoisses. Prisonniers de mentalités ambiantes ! Pas facile, pour nous, d'y exercer le discernement de Dieu !

Asseyons-nous. Faisons silence. Réfléchissons. Appelons-en à la sagesse divine. Fréquentons, pour cela, la Bible, l'Église, notre communauté, tel ou tel groupe de partage et de réflexion. Formons-nous. Ne bâtissons pas, hâtivement, sur le sable de réflexions superficielles, de décisions chancelantes. Veillons à ce que « notre esprit aux mille pensées » n'étouffe pas, dans son vertige, la sagesse de l'Esprit en nous.

- Mesurons-nous notre bonheur de connaître Dieu ? D'avoir part à ses confidences ? D'être ses amis ?
- Quels obstacles freinent encore notre élan pour suivre le Christ ?

CÉLÉBRER

Accueillir

- O Christ, tu as tout quitté pour faire la volonté de ton Père. Tu nous appelles à marcher à ta suite.
  Prends pitié de nous.
- O Christ, tu as porté la croix jusqu'au calvaire. Tu nous appelles à marcher à ta suite.
  Prends pitié de nous.
- O Christ, tu nous envoies ton Esprit-Saint. Tu nous appelles à marcher à ta suite.
  Prends pitié de nous.

Dieu, notre Père, longue est la route qui nous conduit vers toi. Allège en nous ce qui nous encombre. Libère-nous de ce qui nous empêche d'être les disciples de celui qui, le premier, a porté sa croix. Il nous ouvre le chemin de la vie et de la vraie liberté.

• Tant de chrétiens connaissent, aujourd'hui, l'incompréhension, l'hostilité, la persécution. Pour que leur foi et la nôtre sortent renforcées de notre épreuve.

Ensemble, prions.

• Des équipes, des groupes reprennent leurs activités. Pour que notre communauté chrétienne grandisse dans la foi, l'espérance et l'amour.

Ensemble, prions.

• Enfants et jeunes, avec leurs catéchistes, reprennent le départ d'une nouvelle année à la découverte de Jésus. Pour que leur démarche les entraîne dans un retour aux sources de leur foi.

Ensemble, prions.

Écouter

Références bibliques
• **Sagesse 9**, 13-18
• **Psaume 89**, 3-6, 13, 14, 17
• **Philémon**, 9 b – 17
• **Luc 14**, 25-33

Quel homme peut découvrir les intentions de Dieu ? Qui peut comprendre les volontés du Seigneur ?...

Et qui aurait connu ta volonté, si tu n'avais pas donné la Sagesse et envoyé d'en haut ton Esprit-Saint ?

Sagesse 9

Communier et témoigner

« Quel homme peut découvrir les intentions de Dieu ? » Depuis des siècles, l'homme cherche à comprendre le sens de sa vie, le pourquoi de l'épreuve, de la maladie, de la souffrance. Mais nous sentons bien que nous avons, tout d'abord, à faire confiance à Dieu. Il est un Dieu d'amour, Père de ses enfants. Nous pouvons lui dire :

« Notre Père... »

Dieu a envoyé son Fils. Il est venu habiter notre condition d'homme. Il a souffert. Il est mort sur une croix. Depuis lors, il a donné sens à notre propre pèlerinage terrestre. Bien plus, il partage nos peines et nos soucis. Et ce, autour d'un repas.

Seigneur, nous ne comprenons pas toujours tes intentions, mais nous te faisons confiance.

« Ouvrons nos mains et recevons
le Corps du Christ... »
(temps de communion et de silence)

Comprendre les volontés du Seigneur, c'est suivre ses commandements : aimer Dieu de tout notre cœur et nous aimer les uns les autres. Plus nous aimerons, plus nous découvrirons le projet de Dieu sur nous. Avec confiance, allons à la rencontre de nos proches. Partageons, avec eux, l'amour que Dieu nous témoigne.

Reconnaissants pour la vraie sagesse que Dieu nous a donnée, demandons lui de nous bénir. Lui qui est Père, Fils et Esprit-Saint.

PRÉPARER ET SE PRÉPARER

Tonalité dominicale

> **Mon fils que voilà était mort et il est revenu à la vie ; il était perdu et il est retrouvé.**
>
> **Luc 15, 24**

Pardonner est la joie de Dieu. Notre vocation est d'en vivre. Notre mission, de l'annoncer. Vivons et annonçons la miséricorde intarissable de Dieu. Songeons aux êtres écrasés par la culpabilité. A ceux qu'épuise le sentiment de leur impuissance.

Faisons l'expérience du pardon reçu et donné. Laissons-nous habiter et transfigurer par la joie du pardon de Dieu. Joie qui nous fera sortir de nous-mêmes. Joie qui nous fera courir à la rencontre de celles et ceux qu'une soif renouvelée de vivre, d'espérer, d'être aimé et d'aimer, libère de l'impasse de leurs péchés.

Rupture d'alliance, le péché nous rend pareils au fils cadet de l'Évangile. Nous brûlons, comme lui, de faire notre vie à notre guise, selon nos propres critères.

Dieu n'aliène en rien notre liberté. Jamais, il ne nous impose son amour. Toujours, il nous le propose. Le péché est le pays de la faim, de la sécheresse, de l'adversité.

- Avons-nous compris que l'amour du Père est à la source de notre vie, de notre croissance, de notre raison d'être, de notre bonheur ?
- Saurons-nous « rentrer en nous-mêmes ? » Réfléchir sur l'impasse dans laquelle nous entraînent et nous enferment nos péchés ?
- Saurons-nous trouver un sursaut de lucidité, capable de nous remettre debout pour aller renouer notre alliance avec le Père qui nous attend ?

CÉLÉBRER

Accueillir

- Seigneur Jésus, témoin de la miséricorde du Père et visage de sa tendresse. Prends pitié de nous.
- Seigneur Jésus, source des cœurs purs et soleil de joie dans leur regard. Prends pitié de nous.
- Seigneur Jésus, parole sur nos lèvres et en notre bouche. Prends pitié de nous.

Moïse, par sa prière, apaisa la colère du Seigneur, son Dieu. Que notre prière, par l'intercession de

Jésus, fasse lever, sur notre communauté et sur le monde, le sourire du visage de Dieu.

- Regarde ton Église, Seigneur. Comme jadis, nous sommes un peuple à la tête dure et à la nuque raide. Assouplis la dureté de notre cœur.
- Regarde, Seigneur, ta brebis égarée. Ne l'abandonne pas toute seule au désert. Envoie-lui vite un berger pour la rechercher.
- Regarde, Seigneur, nos malades et nos aînés. Envoie-leur des messagers qui leur apportent joie et réconfort.
- Regarde, Seigneur, nos communautés chrétiennes. Convertis nos cœurs et remets en nous un esprit nouveau, l'esprit de ton Fils Jésus.

Écouter

Références bibliques
• **Exode 32**, 7-14 • **Psaume 50**, 3, 4, 12, 13, 17-19 • **1 Timothée 1**, 12-17 • **Luc 15**, 1-32

Le fils lui dit : « Père, j'ai péché contre le ciel et contre toi. Je ne mérite plus d'être appelé ton fils... » Mais le père dit à ses domestiques : « Vite, apportez le plus beau vêtement pour l'habiller. Mettez-lui une bague au doigt et des sandales aux pieds. Allez chercher le veau gras, tuez-le ; mangeons et festoyons. Car **mon fils que voilà était mort et il est revenu à la vie ; il était perdu, et il est retrouvé.** » Et ils commencèrent la fête.

Luc 15

Communier et témoigner

« Il était perdu et il est retrouvé. » Le fils prodigue est revenu auprès de son père. Dieu nous invite, à tout instant, à nous convertir. A rebrousser chemin, lorsque nos manques de foi, de confiance, d'amour nous égarent sur des sentiers de perdition. Il nous ouvre les bras. Il est notre Père. Il nous invite à le prier :

« Notre Père... »

Au peuple d'Israël, égaré sur les voies de l'oubli de son Dieu, le Seigneur a envoyé son Fils. Ce peuple élu l'a cloué sur une croix. Nous aussi, par nos péchés, nous le crucifions et nous le renions. Jésus, témoin parfait de l'amour du Père, nous invite à revenir à la vie. Il nous rejoint et nous partage le Pain.

Seigneur, nous ne sommes pas dignes de te recevoir, mais dis seulement une parole et nous serons guéris :

« Le Corps du Christ... »
(temps de communion et de silence)

Réconciliés par le Fils, nous reprenons confiance. Comportons-nous en fils aimés d'un Père qui pardonne. Pleins de confiance, allons vers nos proches. Vivons pleinement la réconciliation avec notre Créateur. Soyons dans la joie. Nous nous savons aimés et pardonnés.

Bénissons le Seigneur de tendresse et de miséricorde. A notre tour demandons-lui de nous bénir. Lui qui est Père, Fils et Esprit-Saint.

PRÉPARER ET SE PRÉPARER

Tonalité dominicale

J'insiste avant tout pour qu'on fasse des prières de demande, d'intercession et d'action de grâces...

1 Timothée 6, 11

Saint Paul, aujourd'hui, nous invite à une prière, qui soit réellement universelle. Dieu veut que tous les hommes soient sauvés.

Prières universelles ! Prières au nom des autres et pour les autres ! Prières qui soient l'expression de notre solidarité et de notre fraternité. Prières enracinées dans la Parole de Dieu, accueillie et partagée. Prières ancrées dans l'actualité, où nous avons à vivre de notre baptême.

Ayons donc à cœur de formuler nos demandes pour l'Église et le monde. Des demandes concrètes, qui visent, à la fois, le court terme – nos nécessités présentes, les légitimes besoins de nos contemporains – et le long terme – nos projets, nos espérances, notre salut à tous. Bref, la réussite de notre vie selon Dieu. Tant il est vrai que tous, nous tenons notre existence de lui. Dieu entend nos appels. Confions-les lui.

CÉLÉBRER

Accueillir

- Seigneur, toi, le compagnon fidèle de nos vies.
- O Christ, toi, la lumière qui éclaire nos pas.
- Seigneur, toi, la joie qui inonde nos cœurs.

Montre-nous la route et prends pitié de nous.

Seigneur Dieu, Maître du ciel et de la terre, par ton Envoyé, Jésus-Christ, tu nous révèles notre avenir. Tu nous appelles à une décision sans retour. Préserve notre fidélité de la routine. Mets en nous l'audace d'engager toute notre vie sur ta promesse.

Confions notre prière à Jésus-Christ, afin qu'il intercède pour nous auprès de son Père.

Prions

- pour tous ceux qui se mettent au service des plus pauvres et des plus délaissés,
- pour les chefs d'Etat, pour tous ceux qui ont des responsabilités,
- pour nous tous, qui sommes gérants des biens que tu mets à notre disposition.

Dieu, notre Père, toute vraie prière engage notre vie. Apprends-nous à mettre en œuvre ce que nous te demandons.

Écouter

Références bibliques
• **Amos 8**, 4 – 7 • **Psaume 112**, 1, 2, 5-8 • **1 Timothée 2**, 1 – 8 • **Luc 16**, 1 – 13

J'insiste avant tout pour qu'on fasse des prières de demande, d'intercession et d'action de grâce pour tous les hommes... Voilà une vraie prière que Dieu, notre Sauveur, peut accepter, car il veut que tous les hommes soient sauvés et arrivent à connaître pleinement la vérité.

1 Timothée 2

Communier et témoigner

Dans la première lettre à Timothée, l'apôtre Paul insiste sur la prière. Prière de demande, d'intercession, d'action de grâce. Seigneur, nous ne prions pas assez ! Nous ne savons pas comment prier ! Dans l'épreuve, la maladie, nous aimerions tellement que tu répondes favorablement et instantanément à nos demandes. Toi, seul, sais ce qui est bon pour nous. Nous savons que tu es l'amour parfait. Tu es notre Père. Nous te prions :

« Notre Père... »

Seigneur Jésus, toi qui nous as appris à vraiment prier ton Père et notre Père, tu connais nos peurs, nos angoisses, nos souffrances. Donne-nous, plus que tout, la paix du cœur dont nous avons tant besoin. Tu nous invites à partager le Pain, en mémoire de ta mort et de ta résurrection. Viens ! Viens nous sauver !

Voici l'Agneau de Dieu qui enlève le péché du monde :

« Le Corps du Christ.. »
(temps de communion et de silence)

Dieu accède à nos prières. Il nous envoie le Consolateur, l'Esprit d'Amour. Par-delà nos demandes humaines, il nous apporte la paix et l'espérance. Il nous fait don de son amour.

Dieu nous remplit de son Esprit-Saint. Il apaise notre peur de vivre. Partageons, avec nos proches, cette certitude d'être aimés d'un Père qui nous attendra, les bras ouverts, au bout de notre route humaine.

Demandons-lui de nous bénir. Lui qui est Père, Fils et Esprit-Saint.

PRÉPARER ET SE PRÉPARER

Tonalité dominicale

Toi l'homme de Dieu, vis dans la foi et l'amour, la persévérance et la douceur.

1 Timothée 6, 11

Ce qu'on demande et ce qu'on est en droit d'espérer de tout baptisé : qu'il soit fidèle et s'appuie, avec résolution et persévérance, sur le Seigneur, son Dieu. Que son unique richesse soit la miséricorde de son Dieu ! Et, qu'ainsi enrichi de Dieu seul, il garde vif, au plus intime de son cœur, le souci des pauvres, des « Lazare » de notre temps, présents à nos portes.

Songeons aux chômeurs, aux solitaires, aux déracinés, mal-aimés et laissés-pour-compte. Pensons aussi aux sidéens, aux drogués... Que de misères visibles ou cachées autour de nous ! Que de pauvres qui crient leur faim d'être écoutés, estimés, compris !

- Apprenons de Jésus, à vivre dans la foi et l'amour, la persévérance et la douceur.
- Laissons-nous guérir de nos cécités et de nos surdités.

- Faisons de notre vie un témoignage empreint de simplicité et de générosité.

CÉLÉBRER

Accueillir

- Seigneur Jésus, en nos frères, tu mendies devant notre porte. Ouvre nos oreilles à leurs appels.

Prends pitié de nous.

- O Christ, en nos frères, tu es couvert de plaies devant notre porte. Ouvre nos yeux à leurs souffrances.

Prends pitié de nous.

- Seigneur, en nos frères, tu es affamé devant notre porte. Ouvre nos mains pour le partage.

Prends pitié de nous.

Père des pauvres, aucune souffrance ne te laisse indifférent. Tu connais nos peines les plus secrètes. Ne permets pas que la conscience de notre misère nous décourage. Donne-nous un cœur de pauvre.

Comme le psalmiste, nous te prions, Seigneur.

- Rends justice aux opprimés
- Donne du pain aux affamés
- Délie les enchaînés
- Redresse les accablés
- Protège les étrangers
- Soutiens les malades et les personnes âgées.

Écouter

Références bibliques
• **Amos 6**, 1-7 • **Psaume 145**, 5-10 • **1 Timothée 6**, 11-16 • **Luc 16**, 19-31

Toi, l'homme de Dieu, cherche à être juste et religieux, **vis dans la foi et l'amour, la persévérance et la douceur.** Continue à bien te battre pour la foi, et tu obtiendras la vie éternelle : c'est à elle que tu as été appelé, c'est pour elle que tu as été capable d'une si belle affirmation de ta foi devant de nombreux témoins.

1 Timothée 6

Communier et témoigner

Devenons vraiment des hommes de Dieu. Saint Paul nous invite à vivre dans la foi et l'amour, la persévérance et la douceur. Quel beau programme ! Combien difficile pourtant lorsque l'épreuve nous mine et que la souffrance risque de nous détruire ! Demandons à Dieu de nous aider à surmonter notre mal. Il est notre Père. Il n'abandonne jamais ses enfants. Prions-le !

« Notre Père... »

Jésus, le Fils du Dieu Vivant, est venu nous rejoindre dans notre humanité. Il comprend nos difficultés. Il a vécu nos peurs et nos angoisses. Il nous aide à vivre. Il nous invite à sa table pour partager avec nous une nourriture qui nous fortifiera.

Seigneur, nous ne sommes pas dignes de te recevoir, mais nous te faisons confiance :

« Ouvrons nos mains pour recevoir le Pain de Vie... »
(temps de communion et de silence)

Fortifiés par le Corps du Christ, nous pouvons mieux répondre à l'invitation de Paul à vivre en hommes de Dieu.

Dans nos rencontres, cette semaine, montrons-nous témoins de foi, d'amour, de persévérance et de douceur. Nous y puiserons de vrais motifs de joie et d'espérance.

Que le Seigneur nous bénisse. Lui qui est Père, Fils et Esprit-Saint.

PRÉPARER ET SE PRÉPARER

Tonalité dominicale

> **Nous sommes des serviteurs quelconques : nous n'avons fait que notre devoir.**
>
> **Luc 17, 10**

La foi nous apprend à vivre en filles et fils du Père Céleste. Notre attitude filiale doit être celle du « serviteur quelconque » de l'Évangile de ce jour. Nous sommes tous appelés à être les serviteurs les uns des autres.

- Reconnaissons-nous pour ce que nous sommes : serviteurs et amis, dont Dieu choisit d'avoir besoin.
- N'ayons de dettes envers personne. Sauf la dette de l'amour mutuel.
- Demandons au Seigneur d'augmenter en nous la foi.

Saurons-nous rester à notre juste place ? Soyons vrais ! Sans la foi, cela nous est impossible. Demandons-la. Elle est don gratuit de Dieu.

Dieu seul nous donnera la force de déraciner le grand arbre de notre orgueil.

Dieu seul fera grandir en nous la graine de moutarde de l'humilité, de l'écoute, de la disponibilité.

Devenons ce que nous avons reçu gratuitement et ce que nous sommes en vérité : filles et fils d'un même Père.

CÉLÉBRER

Accueillir

- Seigneur, tu nous donnes ton Esprit de force. Trop souvent, nous restons craintifs.

Pardonne-nous, Seigneur.

- Seigneur, tu nous donnes ton Esprit de bienveillance. Trop souvent, nous manquons de tendresse.

Pardonne-nous, Seigneur.

- Seigneur, tu nous donnes ton Esprit de courage. Trop souvent, nous hésitons à annoncer ton Évangile.

Pardonne-nous, Seigneur.

Seigneur, tu nous invites à collaborer à ton œuvre de libération. Sans cesse, tu nous témoignes ta confiance.

- Augmente en nous la foi...
  Viens au secours de ton Église. Encourage-la à transmettre ton Évangile.

- Augmente en nous l'espérance...
  Viens au secours de ceux qui souffrent. Donne-leur le courage et la patience de porter leur croix à ta suite.

- Augmente en nous la charité...
  Viens au secours de ceux qui exercent des ministères. Réveille en eux le zèle apostolique. Comble-les de ton Esprit de force et de sagesse.

Écouter

Quand vous aurez fait tout ce que Dieu vous a commandé, dites-vous : **Nous sommes des serviteurs quelconques : nous n'avons fait que notre devoir.**

Luc 17

Références bibliques
• **Habacuc 1**, 2 – **2**, 4 • **Psaume 94**, 1, 2, 6-9 • **2 Timothée 1**, 6-14 • **Luc 17**, 5-10

Communier et témoigner

Être des serviteurs de Dieu et des hommes ! Quelle contradiction avec le monde actuel qui adule les puissants, les riches, les forts, les vedettes...

Être des serviteurs quelconques, inutiles... Voilà bien un appel difficile à comprendre et à accepter !

Comme l'argile entre les mains du potier, laissons-nous modeler par Dieu. Il est notre Père. Il nous aime. Il nous reconnaît comme ses enfants.

Disons-lui la prière de Jésus :

« Notre Père... »

L'exemple parfait du Serviteur, c'est Jésus, obéissant jusqu'à sa mort sur la croix. Sa résurrection nous ouvre le Royaume. Pour nous encourager à être des serviteurs de Dieu, il nous propose de partager son Pain. Humblement, Seigneur, nous voulons te faire confiance et te servir.

« Laissons-nous inviter au repas du Seigneur... »
(temps de communion et de silence)

Reconnaissons-le humblement : à l'exemple de Jésus – Serviteur, servons Dieu et nos frères. Accomplissons ainsi ce qui n'est que notre devoir.

Habités de cet esprit de service, allons à la rencontre de nos proches. Acceptons-les tels qu'ils sont. Écoutons-les. Regardons-les avec amour. Mettons-nous à leur service.

Que Dieu nous bénisse. Lui qui est Père, Fils et Esprit-Saint.

PRÉPARER ET SE PRÉPARER

Tonalité dominicale

> **On n'enchaîne pas la Parole de Dieu !**
> **2 Timothée 2, 9**

La Parole de Dieu ne saurait être enchaînée. De dimanche en dimanche, et chaque jour même, elle nous est transmise et confiée. Elle nous nourrit et nous dynamise. Elle nous éclaire sur nos responsabilités et nous rend conscients de nos solidarités. Elle nous vaccine contre nos mensonges, nos demi-mesures, nos vœux pieux et nos élans éphémères.

Elle nous conduit à construire sur le roc solide de la confiance, de l'espérance et de la fraternité. Elle nous invite à accueillir les lépreux, boiteux, sourds, aveugles, étrangers et pécheurs de notre temps. Elle nous rend attentifs à mettre notre tablier de service.

Soucieux de briser nos modèles tout faits, elle met en question le culte de nos habitudes et de nos certitudes.

La Parole de Dieu nous transmet l'Esprit-Saint. Esprit de liberté et d'initiative, qui nous rend attentifs à faire le bien sans relâche.

- La Parole de Dieu ouvrira-t-elle nos yeux, nos oreilles et nos mains, pour nous donner de voir, d'entendre et de servir les vraies causes des hommes ?
- Saura-t-elle guérir, en nous, nos indifférences, nos cécités, nos surdités ?
- Saurons-nous, purifiés et guéris par elle, revenir sur nos pas, pour glorifier Dieu à pleine voix ?

CÉLÉBRER

Accueillir

- Si souvent, Seigneur, tu nous guéris de la lèpre du péché et nous continuons de vivre dans la médiocrité. Prends pitié de nous.
- Si souvent, Seigneur, tu nous guéris de nos ingratitudes et nous continuons de vivre dans l'indifférence. Prends pitié de nous.
- Si souvent, Seigneur, tu nous guéris de nos infidélités et nous continuons de vivre dans nos égoïsmes. Prends pitié de nous.

- Pour ceux que le péché éloigne de toi et de leurs frères...
- Pour ceux que le regard et l'attitude des autres traitent en exclus...
- Pour ceux que la maladie, l'âge, le handicap éloignent de leur famille et de leur milieu de vie...
- Pour ceux qu'une situation difficile enferme dans la honte et l'isolement...
- Pour ceux qui, par-delà toutes frontières, s'efforcent d'accueillir, d'écouter, de partager, de réconcilier...

Nous crions vers toi, Seigneur !

Écouter

Références bibliques
• **2 Rois 5**, 14-17 • **Psaume 97**, 1-4 • **2 Timothée 2**, 8-13 • **Luc 17**, 11-19

Souviens-toi de Jésus-Christ, le descendant de David : Il est ressuscité d'entre les morts, voilà mon Évangile... **On n'enchaîne pas la Parole de Dieu !** C'est pourquoi, je supporte tout pour ceux que Dieu a choisis, afin qu'ils obtiennent eux aussi le salut par Jésus-Christ, avec la gloire éternelle.

2 Timothée 2

Communier et témoigner

Nous ne saurions enchaîner la Parole de Dieu. Parole de vérité et d'amour, elle traverse les siècles et les peuples. Toujours à nouveau, elle nous rappelle l'Alliance d'un Dieu Créateur, qui nous appelle ses enfants.

En toute confiance, prions-le :

« Notre Père... »

Seigneur Jésus, ton Évangile annonce au monde entier que, seul, ton amour sauve l'humanité et mène le monde à sa perfection. Tu nous appelles à vivre. Tu nous convies à ta table. Tu nous partages le Pain de Vérité et de Vie. Humblement, nous reconnaissons nos faiblesses et nos peurs.

Voici l'Agneau de Dieu qui enlève le péché du monde et donne au monde la liberté :

« Ouvrons nos mains et recevons
le Corps du Christ... »
(temps de communion et de silence)

Fortifiés par ce Pain, devenons témoins vivants de la Parole de Dieu. Elle ne se laissera jamais enchaîner.

A ceux que nous rencontrerons cette semaine, annonçons l'Évangile. Témoins de l'amour de Dieu pour les hommes, partageons avec eux l'amour fraternel et l'espérance du Royaume.

Demandons à Dieu, Père, Fils et Esprit-Saint, de nous bénir et de fortifier notre désir d'annoncer la Bonne Nouvelle.

PRÉPARER ET SE PRÉPARER

Tonalité dominicale

> **Proclame la Parole... Encourage, mais avec une grande patience et avec le souci d'instruire.**
> **2 Timothée 4, 2**

Confrontés au silence de Dieu, plongés au cœur des violences des hommes, voilà qui, parfois, a de quoi ébranler notre foi.

Dieu respecte notre liberté. A nous de dominer nos démons intérieurs. Mais alors, Dieu, pour quoi faire ? A quoi bon le prier ? Pourquoi proclamer la Parole de Dieu ?

N'oublions pas que les textes sacrés ont le pouvoir de nous communiquer la Sagesse. Les Écritures sont inspirées par Dieu. Elles nous sont utiles pour enseigner, redresser et éduquer. Elles nous offrent de mieux connaître le mystère insondable de Dieu, son projet sur nous. Elles nous encouragent aussi à oser contester toutes demi-mesures, toutes idoles.

- Choisissons-nous ce qui nous plaît dans les Écritures ? Y retenons-nous seulement ce qui va dans le sens de nos intérêts ?

- Quelles sont les « paroles dures » des Écritures qui nous interpellent ?
- Qu'attendons-nous de l'homélie dominicale ? Qu'elle entérine nos idées ? Qu'elle nous mette en face de Dieu, en hommes libres, adultes et responsables ?

CÉLÉBRER

Accueillir

- Seigneur Jésus, tu nous appelles à la persévérance de la foi. Kyrie eleison.
- Seigneur Jésus, tu nous confies le ministère de la prière. Kyrie eleison.
- Seigneur Jésus, tu nous invites à être des témoins audacieux de ta Bonne Nouvelle. Kyrie eleison.

Dieu fidèle, quand la fatigue nous gagne et que le découragement nous guette, viens affermir nos forces et augmenter notre foi. Sans relâche, nous te le demandons, au nom de ton Fils bien-aimé. En lui, tu nous exauces toujours.

Nous te prions :

- Pour ceux qui ont comme ministère d'annoncer la Bonne Nouvelle. Donne-leur, Seigneur, la sagesse de parler à temps et à contretemps.
- Pour nos enfants. A l'exemple de Timothée, instruis-les solidement.
- Pour les contemplatifs, qui consacrent leur vie à te louer et à t'adorer. Exauce leur prière.
- Pour les malades et les isolés. Comble leur vie de la joie de ta présence.

Écouter

Références bibliques
• **Exode 17**, 8-13 • **Psaume 120**, 1-8 • **2 Timothée 3**, 14 – **4**, 2 • **Luc 18**, 1-8

Tous les textes de l'Écriture sont inspirés par Dieu... Grâce à elle, l'homme de Dieu sera bien armé, il sera pourvu de tout ce qu'il faut pour un bon travail.

Devant Dieu, et devant le Christ Jésus qui doit juger les vivants et les morts, je te le demande solennellement, au nom de sa manifestation et de son Règne : **proclame la Parole**, interviens à temps et à contretemps, dénonce le mal, fais des reproches, **encourage, mais avec une grande patience et avec le souci d'instruire**.

2 Timothée 4

Communier et témoigner

Proclamer la Parole de Dieu ! Encourager ! Être patient ! Avoir le souci d'instruire ! Incessamment, Saint Paul nous rappelle notre mission de messagers de l'Évangile. Le message de Dieu est précis et précieux : aimer Dieu de toutes ses forces, aimer son prochain comme soi-même. Aimer Dieu comme Dieu nous aime. Lui, notre Père ! Disons-lui :

« Notre Père... »

Jésus nous rappelle sans cesse la loi d'amour. Il nous invite fidèlement à un repas de fête. Il nous partage le Pain, source de vie en plénitude.

Sommes-nous suffisamment conscients de l'amour infini de Dieu pour les hommes ? Humblement, reconnaissons nos faiblesses, nos peurs.

Seigneur, nous ne sommes pas dignes de te recevoir, mais dis seulement une Parole et nous serons guéris.

« Approchons-nous de la table et recevons le Corps du Christ... »
(temps de communion et de silence)

Réconfortés par le Pain de Vie, nous nous sentons encouragés à proclamer la Parole de Dieu.

Avec ceux que nous rencontrerons, cette semaine, encourageons-nous, mutuellement, à vivre l'Évangile.

Demandons à Dieu, Père, Fils et Esprit-Saint, de nous bénir. Qu'il fortifie notre désir de vivre de sa Parole.

PRÉPARER ET SE PRÉPARER

Tonalité dominicale

> **Le Seigneur est un juge qui ne fait pas de différence entre les hommes.**
>
> **Ben Sirac le Sage 35, 2**

Dieu n'apprécie pas les orgueilleux. Pas davantage, les parvenus ! Il écoute le cri de ceux qui souffrent dans leur cœur et dans leur corps.

Allons à lui en toute confiance. Exprimons-lui notre faim et notre soif de voir croître en nous la foi, l'espérance et la charité. Apprenons à goûter sa façon de juger. Épousons sa manière d'être et d'agir. Il ne fait pas de différence entre les hommes. Loin de lui de se laisser « acheter » par de beaux parleurs !

Comme lui, demeurons proches des cœurs brisés, des esprits abattus.

- Ne défavorisons pas le pauvre...
- Écoutons l'opprimé...

- Ne méprisons pas l'orphelin...
- Ne nous moquons pas des plaintes répétées de la veuve...
- Battons-nous bien pour annoncer l'Évangile...
- Tenons jusqu'au bout de la course, afin de donner à tous d'entendre l'Évangile...
- Témoignons de l'amour miséricordieux du Dieu de Jésus-Christ...

CÉLÉBRER

Accueillir

- Seigneur Jésus, tu écoutes la prière du pauvre. Avec le publicain, nous t'implorons :
  Prends pitié de nous qui sommes pécheurs.

- Seigneur Jésus, tu es proche des cœurs brisés. Avec le publicain, nous t'implorons :
  Prends pitié de nous qui sommes pécheurs.

- Seigneur Jésus, tu nous délivres de nos angoisses. Avec le publicain, nous t'implorons :
  Prends pitié de nous qui sommes pécheurs.

Jésus, toi, l'envoyé du Père, tu as suivi notre chemin d'humanité. Fais-nous découvrir le vrai sens de notre vie. Donne-nous de marcher à la lumière de ton Esprit-Saint.

La Parole de Dieu nous assure que la prière du pauvre traverse les nuées et pénètre jusqu'au ciel.

Prions

- pour ceux qui sont persécutés et abandonnés de tous...
- pour les personnes âgées et celles qui ont achevé leur course...
- pour les pauvres, les cœurs brisés, les esprits abattus...
- pour nous-mêmes...

Écouter

Références bibliques
• **Ben Sirac le Sage 35**, 12-18 • **Psaume 33**, 2, 3, 6, 7, 19, 23 • **2 Timothée 4**, 6-18 • **Luc 18**, 9-14

Le Seigneur est un juge qui ne fait pas de différence entre les hommes. Il ne défavorise pas le pauvre, il écoute la prière de l'opprimé. Il ne méprise pas la supplication de l'orphelin, ni la plainte répétée de la veuve. Celui qui sert Dieu de tout son cœur est bien accueilli, et sa prière parvient jusqu'au ciel.

Ben Sirac le Sage 35

Communier et témoigner

Pauvres ou riches, malades ou bien-portants, nous sommes égaux aux yeux de Dieu. Il nous invite à le prier. Si nous le servons de tout notre cœur, il accueillera nos demandes. Il écoute notre prière, comme un père écoute ses enfants.

Comme Jésus nous l'a appris, nous lui disons :

« Notre Père... »

« La prière du pauvre traverse les nuées... »

Pauvres, nous le sommes dans la maladie, l'isolement, la souffrance. Jésus nous encourage à reprendre confiance. Bien plus, il nous rejoint.

Voici le Pain de Vie qui nous console et nous fortifie.

Seigneur, nous ne serons jamais dignes de te recevoir, mais nous te faisons confiance :

« Nous ouvrons nos mains pour t'accueillir... »
(temps de communion et de silence)

« Le Seigneur regarde les justes,
Il écoute, attentif à leurs cris.
Le Seigneur entend ceux qui l'appellent :
de toutes leurs angoisses, il les délivre. »

(Psaume 33)

Apprenons du psalmiste à relever la tête. Fortifiés par le Pain que nous venons de recevoir, nous voici invités à reprendre la route.

Partageons avec ceux que nous rencontrerons cette certitude d'être tous écoutés et aimés de Dieu, attentif à toutes nos supplications.

Confiants, demandons à Dieu de nous bénir. Il est Père, Fils et Esprit-Saint.

Toutes et tous, nous avons le même prix aux yeux du Seigneur. Nous sommes importants à ses yeux.

PRÉPARER ET SE PRÉPARER

Tonalité dominicale

> **« Zachée, descends vite : aujourd'hui il faut que j'aille demeurer chez toi. »**
>
> **Luc 19, 5**

Dieu ne rejette personne. Ce qui lui répugne, c'est le péché. Il fait preuve de beaucoup de patience envers chacun de nous.

- Aujourd'hui-même, voici qu'il nous invite à descendre, rapidement, de l'arbre de nos prétentions et de nos suffisances.
- Aujourd'hui-même, voici qu'il s'invite chez nous.
- Aujourd'hui-même, voici qu'il nous offre la chance de nous convertir à l'unique nécessaire, à l'essentiel.

Tendre, miséricordieux, lent à la colère, plein d'amour, sa bonté est pour tous. Il nous apprend à être vrais en tout ce que nous pensons, disons et faisons.

Zachée n'avait pas bonne presse auprès des braves gens de Jéricho.

Et pour cause ! C'est dire sa surprise devant l'attention que lui porte Jésus.

- Enfin quelqu'un qui le regarde en vérité...
- Enfin quelqu'un qui sait deviner sa vraie richesse intime, cachée derrière les apparences...
- Enfin quelqu'un dont le regard ne l'enferme pas dans son passé...
- Enfin quelqu'un, dont le regard lui ouvre un avenir...

– Quelle est la qualité de notre regard sur les autres ?
– Nos regards ne classent-ils pas trop vite les autres ?
– Nos regards leur ouvrent-ils un avenir ?
– Nos regards les encouragent-ils à se convertir, à espérer ?

CÉLÉBRER

Accueillir

- Seigneur, tu accueilles chacun de nous. Tu aimes tous ceux que tu as créés. Prends pitié de nous.
- Seigneur, tu accueilles tous les pécheurs. Tu les invites à se convertir. Prends pitié de nous.
- Seigneur, tu soutiens ceux qui tombent. Tu redresses les accablés. Prends pitié de nous.

Ton amour est débordant de tendresse.

Tu as regardé Zachée, le publicain. Tu as choisi de descendre dans sa maison.

- Regarde, avec bonté, ton Église. Descends et viens habiter dans nos cœurs.
- Regarde, avec bonté, ceux qui espèrent ta venue. Pacifie, Seigneur, les esprits fragilisés et troublés. Descends et viens habiter dans leurs cœurs.
- Regarde, avec bonté, les malades, les pécheurs. Fais venir sur eux ta tendresse et ta pitié. Descends et viens habiter dans leurs cœurs.

Écouter

Références bibliques
• **Sagesse 11**, 23 – **12**, 2
• **Psaume 144**, 1, 2, 8, 11, 13, 14
• **2 Thessaloniciens 1**, 11 – **2**, 2
• **Luc 19**, 1 – 10

Arrivé à cet endroit, Jésus leva les yeux et l'interpella : **« Zachée, descends vite : aujourd'hui il faut que j'aille demeurer chez toi. »**

Vite, il descendit et reçut Jésus avec joie. Voyant cela, tous récriminaient : « Il est allé loger chez un pécheur. »

Luc 19

Communier et témoigner

Saurons-nous, à l'exemple de Zachée, accueillir Dieu en notre demeure ? Lui faire place, malgré nos soucis et nos préoccupations ? Faisons silence...

Réjouissons-nous : Dieu est Père. Il nous rejoint dans notre épreuve. Disons-lui, lentement, les paroles que Jésus nous a apprises :

« Notre Père... »

« Vite, il descendit et reçut Jésus avec joie... »

Seigneur Jésus, nous aussi, nous sommes impatients de te recevoir. A tout moment, tu veux demeurer chez nous. Nous nous sommes préparés à t'accueillir. Tu le sais, notre accueil est fait de nos faiblesses. Il est fait des peurs devant notre avenir. Il est fait de nos manques de confiance. Et pourtant, nous savons bien que tu nous aimes, tels que nous sommes.

Humblement, nous venons à ta rencontre.

« Nous ouvrons nos mains pour recevoir ton Pain... »
(temps de communion et de silence)

Tu nous rassasies de ta paix. Avec le psalmiste, laissons éclater notre joie :

« Je t'exalterai, mon Dieu, mon Roi
Je bénirai ton nom, toujours et à jamais !
Chaque jour, je te bénirai.
Je louerai ton nom, toujours et à jamais. »
(Psaume 144)

Sur la route des hommes, nous ne sommes plus seuls. Partageons, avec tous ceux qui nous visiteront, cette semaine, notre conviction d'être aimés de Dieu.

Que le Seigneur nous bénisse. Lui qui est Père, Fils et Esprit-Saint.

PRÉPARER ET SE PRÉPARER

Tonalité dominicale

> **Frères, laissez-vous réconforter par notre Seigneur Jésus-Christ lui-même et par Dieu notre Père.**
>
> **2 Thessaloniciens 2, 16**

Dieu, en Jésus-Christ, nous réconforte. Laissons-le nous combler de sa joyeuse espérance. Son Père et lui-même affermissent notre cœur dans tout ce que nous pouvons faire et dire de bien.

Il est des jours, où notre vie chrétienne est lourde à porter. Vivre sa foi, c'est connaître certains écartèlements exigeants. Être du monde, c'est participer à sa construction, lutter pour l'avènement de la justice, de la fraternité, de la paix et, en même temps, refuser ses facilités et ses mensonges.

- Nous arrive-t-il de connaître de tels écartèlements ?
- Sommes-nous suffisamment levain dans la pâte ?
- Prier, est-ce là notre manière habituelle et

confiante de puiser réconfort et force pour annoncer l'Évangile ?

- Prier, est-ce là notre façon de soutenir nos frères en proie au découragement, confrontés aux incompréhensions, aux hostilités, aux campagnes de dérision de leur foi ?
- Prions-nous l'Esprit-Saint de nous faire persévérer dans la droiture, quelles que soient les tentations et les séductions du monde ?

CÉLÉBRER

Accueillir

Chaque jour, nous avançons vers toi, Seigneur.

- Tu es notre route et tu nous conduis vers la vie.
  Prends pitié de nous.
- Tu es notre espérance et tu nous conduis vers la communion. Prends pitié de nous.
- Tu es notre amour et tu nous conduis au partage fraternel. Prends pitié de nous.

– Tu es, Seigneur, le Dieu des vivants. Comble de ta vie l'Église. Qu'elle soit un signe d'espérance pour tous ceux qui cherchent une raison de vivre.
– Tu es, Seigneur, le Dieu des vivants. Appelle à ta vie ceux qui ignorent encore ton message et redonne courage à ceux qui sont fatigués de vivre.

Écouter

Références bibliques
• **2 Martyrs d'Israël 7**, 1-14
• **Psaume 16**, 1-7, 15
• **2 Thessaloniciens 2**, 16-**3**, 5
• **Luc 20**, 27-38

Frères, laissez-vous réconforter par notre Seigneur Jésus-Christ lui-même et par Dieu notre Père, lui qui nous a aimés et qui, dans sa grâce, nous a pour toujours donné réconfort et joyeuse espérance, qu'ils affermissent votre cœur dans tout ce que vous pouvez faire et dire de bien.

2 Thessaloniciens 2

Communier et témoigner

L'épreuve de la maladie et de la solitude affaiblit nos forces. Nous nous sentons diminués, minés par la souffrance. Saint Paul nous exhorte à chercher réconfort auprès de Dieu. Il est notre Créateur et Père. Il nous aime. Avec la confiance d'un enfant, prions-le :

« Notre Père... »

Dieu nous a envoyé son Fils. Celui-ci a partagé notre condition humaine. Il a traversé l'épreuve jusqu'au bout. Il connaît, pour les avoir vécues, nos angoisses, nos peurs, nos souffrances. Il nous propose son réconfort. Il nous invite à sa table pour un repas qui nous redonnera des forces nouvelles.

Viens, Seigneur Jésus, nous rejoindre. Nous avons besoin que tu restes avec nous.

Voici l'Agneau de Dieu, le consolateur des éprouvés.

« Le Corps du Christ... »

(temps de communion et de silence)

Réconfortés par la présence de Jésus en nous, nous nous remettons en route. Affermissons notre cœur, comme le dit encore Paul, dans tout ce que nous pouvons faire et dire de bien.

Disons du bien de tous ceux qui sont nos proches. Faisons route ensemble.

Que Dieu, Père, Fils et Esprit-Saint nous bénisse et nous garde à jamais.

Que l'espérance du Ressuscité nous accompagne !

PRÉPARER ET SE PRÉPARER

Tonalité dominicale

> **Pas un cheveu de votre tête ne sera perdu. C'est par votre persévérance que vous obtiendrez la vie.**
>
> **Luc, 21, 18-19**

Chômage, délinquance, terrorisme, risques nucléaires..., autant de motifs sérieux d'angoisse au sein de nos sociétés contemporaines.

Jésus est clairvoyant. Il ne s'empresse pas de nous rassurer à bon compte et à coup de paroles pieuses. Pour Jésus, l'important est que nous persévérions à semer l'espérance, à temps et à contretemps.

- Osons persévérer ! Consentons à renoncer aux idoles de notre monde qui passe.
- Osons persévérer ! Choisissons d'aller à contre-courant du matérialisme ambiant.
- Osons persévérer ! Ne craignons pas de heurter, de front, mentalités orgueilleuses et mœurs égoïstes.

- Osons persévérer ! Réveillons les hommes hypnotisés par l'attrait de l'argent, du sexe, des succès mondains.
- Osons persévérer ! Quitte à provoquer l'agressivité de celles et ceux que nous dérangeons, déboussolons ou délogeons de leur fausse bonne conscience.
  – Resterons-nous décidés à demeurer les messagers d'une espérance qui luttent contre toutes les angoisses, peurs, lâchetés et mensonges qui submergent nos sociétés ?
  – Qui pourra nous séparer de l'amour du Christ ?

CÉLÉBRER

Accueillir

- Seigneur Jésus, ta venue en notre chair inaugure un monde nouveau d'amour, de justice et de paix.
  Béni sois-tu et prends pitié de nous.

- O Christ, ta résurrection fait briller en notre nuit l'aube d'un jour nouveau.
  Béni sois-tu et prends pitié de nous.

- Seigneur Jésus, ton Esprit-Saint suscite des ouvriers de paix et des bâtisseurs d'amour.
  Béni sois-tu et prends pitié de nous.

Que Dieu, riche en miséricorde, brûle la paille de nos péchés au feu de son amour. Qu'il fasse lever sur nous son soleil de justice. Qu'il nous conduise à la lumière de la vie éternelle.

Le Seigneur vient. Apprêtons-nous à l'accueillir. Prions-le les uns pour les autres.

- Fais lever sur ton Église la lumière de ton Christ.
- Inspire à tous les persécutés la sagesse de ton Esprit-Saint.
- Apaise l'anxiété des esprits troublés.
- Protège-nous et garde-nous persévérants.

Que notre prière nourrisse notre foi, notre espérance et notre charité.

Écouter

Références bibliques
• **Malachie 3**, 19-20 • **Psaume 97**, 5-9 • **2 Thessaloniciens 3**, 7-12 • **Luc 21**, 5-19

Prenez garde de ne pas vous laisser égarer, car beaucoup viendront sous mon nom en disant : « C'est moi ! »... Ne marchez pas derrière eux... Mettez-vous dans la tête que vous n'avez pas à vous soucier de votre défense. Moi-même, je vous inspirerai un langage et une sagesse à laquelle tous vos adversaires ne pourront opposer, ni résistance, ni contradiction... **Pas un cheveu de votre tête ne sera perdu. C'est par votre persévérance que vous obtiendrez la vie.** **Luc 21**

Communier et témoigner

Dieu ne nous abandonne jamais. Invisible à nos yeux, il est pourtant présent dans notre cœur. « Pas un cheveu de votre tête ne sera perdu ! »

Faisons-lui pleinement confiance. Dieu d'amour, plein d'attention pour tes enfants, nous osons te dire

« Notre Père... »

Dieu nous a envoyé son Fils. Il fait route avec nous. Après sa mort sur la croix et sa résurrection, il reste avec nous jusqu'à la fin des temps. Plus encore, il vient habiter en chacun d'entre nous. Il nous propose de nous nourrir de son Corps, Pain de Vie éternelle.

Humblement, en toute confiance, approchons-nous de sa table.

Voici l'Agneau de Dieu, réconfort pour notre route :

« Accueillons le Pain de Vie, le Corps du Christ... »
(temps de communion et de silence)

« C'est par votre persévérance que vous obtiendrez la vie. » Avec l'aide de Jésus, persévérons, convaincus de la Promesse de Dieu.

Reprenons confiance. Avec tous ceux que nous croiserons cette semaine, partageons l'amour de Dieu pour nos frères. Nous obtiendrons la promesse d'une vie en plénitude. Au bout de la longue route nous attend le Royaume de la paix et de la joie éternelles.

Que Dieu, Père, Fils et Esprit-Saint nous bénisse. Qu'il nous donne le goût de rechercher le vrai bonheur. Celui d'être aimés et d'aimer !

34e DIMANCHE DU TEMPS ORDINAIRE
CHRIST-ROI

PRÉPARER ET SE PRÉPARER

Tonalité dominicale

> **« Amen, je te le déclare : aujourd'hui, avec moi, tu seras dans le Paradis. »**
>
> **Luc 23, 43**

Trois croix... Trois hommes y agonisent... Deux malfaiteurs et, au milieu d'eux, un innocent... Deux regards pèsent sur Jésus... L'un est chargé d'amère raillerie, l'autre d'avide espérance... Un innocent, qui reconnaît, au prétoire de Pilate, qu'il est roi. Son règne, toutefois, n'est pas d'ici-bas. Il ne vient pas des hommes. Son trône, c'est la croix. Avec ses bras écartés, il accueille les hommes de tous temps et de tous lieux. Sa gloire royale, Jésus ne la connaîtra qu'après sa résurrection.

Aujourd'hui, le Règne du Christ est présent. Il agit dans notre monde. L'Esprit nous en rend témoins. Un Règne, dont l'autorité spirituelle s'affirme dans le cœur des hommes, assoiffés de vérité et de vie. Un Règne manifesté par le dynamisme de l'Esprit de renouvellement. Un Règne qui nous appelle à devenir libres. Devenir libres, selon le cœur de Dieu, n'est-ce pas d'abord consentir à mourir à nous-mêmes ?

« Aujourd'hui, avec moi, tu seras dans le Paradis. »

- Sommes-nous convaincus d'entrer comme héritiers dans le Royaume ?
- Gardons-nous mémoire de l'onction royale reçue à notre baptême ?
- Mesurons-nous combien c'est aujourd'hui même que nous pouvons commencer à aimer maladroitement, mais réellement ?

CÉLÉBRER

Accueillir

- Seigneur Jésus, image du Dieu invisible et signe de son amour pour tous les hommes.

  Prends pitié de nous.

- Seigneur Jésus, premier-né de toute créature et notre frère pour l'éternité.

  Prends pitié de nous.

- Seigneur Jésus, tête du Corps qu'est l'Église et paix du ciel sur notre terre.

  Prends pitié de nous.

Seigneur Dieu, ami des hommes, ta grâce nous fait reconnaître notre Roi en Jésus, crucifié et couronné d'épines. Donne-nous de choisir, nous aussi, l'amour pour seule force et l'humble service pour unique grandeur. Nous pourrons participer à la joie de ton Royaume.

- Jésus, notre Pasteur, tu as donné ta vie pour nous rassembler dans l'unité. Souviens-toi de tes frères chrétiens du monde entier.
- Jésus, notre Maître, tu t'es fait le dernier et le serviteur de tous. Souviens-toi de ceux qui exercent une responsabilité dans l'Église et dans le monde.
- Jésus, notre Roi, tu nous as dévoilé la puissance de ton amour dans la faiblesse d'un crucifié. Souviens-toi de tes frères et sœurs dans l'épreuve, blessés dans leur cœur ou dans leur chair.

Écouter

« Jésus, souviens-toi de moi quand tu viendras inaugurer ton Règne. » Jésus lui répondit : « **Amen, je te le déclare : aujourd'hui, avec moi, tu seras dans le Paradis.** »

Luc 23

Références bibliques
• **2 Samuel 5**, 1-3
• **Psaume 121**, 1-7
• **Colossiens 1**, 12-20
• **Luc 23**, 35-43

Communier et témoigner

Ton Règne, Seigneur, est un Règne de paix. Comme le bon larron, qui aura mis son espoir en Jésus, nous aussi sommes invités à une semblable conversion intérieure. Faisons-lui totale confiance. Jamais, il ne nous abandonnera. Dieu est notre Père. En cette ultime semaine de l'année liturgique, prions-le, comme Jésus nous l'a enseigné :

« Notre Père... »

Jésus, souviens-toi de nous quand tu viendras inaugurer ton Règne. Dès à présent, tu nous proposes de faire route avec toi. Tu veux, aujourd'hui, nous fortifier sur le chemin de la vie. Tu nous invites à ton repas de fête.

Seigneur, nous ne sommes pas dignes de l'amour que tu nous manifestes. Souviens-toi aussi de nous.

« Ouvrons nos mains pour recevoir le Pain de Vie... »
(temps de communion et de silence)

En cette fête du Christ, Roi de l'Univers, soyons dans la joie. Seigneur, tu nous aimes. A tout instant, tu nous rappelles notre dernier rendez-vous d'amour dans ton Royaume.

Avec nos proches et ceux qui viendront nous visiter, chantons notre joie d'enfants de Dieu. Demeurons dans l'espérance du Royaume de paix et de joie promis.

Que Dieu, Père, Fils et Esprit-Saint nous bénisse à jamais.

PRÉPARER ET SE PRÉPARER

Tonalité festive

> **Mon âme exalte le Seigneur, mon esprit exulte en Dieu, mon Sauveur.**
>
> **Luc 1, 46**

« Marie, Mère de Dieu, à la fin du cours de sa vie terrestre a été élevée en âme et en corps à la gloire céleste » (Pie XII) Quel lien ce dogme a-t-il avec notre vie ?

Ressuscitée, Marie, avec son corps glorieux, est, pour nous tous, caution d'éternité et source d'espérance. Manière de nous dire, avec une sereine insistance : « C'est vrai ! J'y suis ! Vous y serez aussi, un jour ! Pleinement épanouis ! »

Nos corps décharnés et vieillis, handicapés ou meurtris y seront transfigurés. Rayonnants de beauté par l'initiative gratuite de Dieu ! De fait, pas de joie éternelle sans corps pour la goûter ! Ne négligeons pas nos corps. Fêtons la dignité de notre corps humain.

Marie est, désormais, pleinement à la croisée du divin et de l'humain. En elle, divin et humain se rejoignent. Pareils à une écluse qui met à niveau deux plans d'eau pour offrir le passage.

Fêter son Assomption, c'est nous sentir envoyés en mission. Remplissons, comme Marie, notre vocation de « passeurs de l'espérance de Dieu », qui jamais ne déçoit !

CÉLÉBRER

Accueillir

- Toi qui es né de la Vierge Marie, tu partages notre condition d'homme.

  Seigneur Jésus, prends pitié de nous.

- Toi qui, le premier, as traversé la mort, tu as été élevé à la droite du Père.

  O Christ, prends pitié de nous.

- Toi qui élèves auprès de toi la Vierge Marie, ta Mère, dans la gloire du Ressuscité.

  Seigneur, prends pitié de nous.

Béni sois-tu, notre Dieu, en l'honneur de la Vierge Marie ! Par elle, ton Fils est venu au monde. Par lui, elle entre dans le monde nouveau de ta gloire.

• « *Tu t'es penché sur ton humble servante.* »

Que nos yeux s'ouvrent à tes merveilles. Que notre humble vie d'hommes et de femmes chante la force de ton amour.

• « *Tu combles de biens les affamés et renvoies les riches les mains vides.* »

Que nos cœurs connaissent la faim de ta Parole. Que nos mains partagent, fraternellement, le pain de chaque jour.

• « *Ton amour s'étend d'âge en âge.* »

Que notre regard s'éveille aux joies et aux peines des autres. Que nos pas nous conduisent là où nous porte ton amour.

Écouter

Références bibliques
• **Apocalypse 11**, 19 – **12**, 20
• **Psaume 44**, 11-16
• **1 Corinthiens 15**, 20-27
• **Luc 1**, 39-56

Mon âme exalte le Seigneur, mon esprit exulte en Dieu, mon Sauveur. Il s'est penché sur son humble servante : désormais tous les âges me diront bienheureuse. Le puissant fit pour moi des merveilles. Saint est son nom ! Son amour s'étend d'âge en âge sur ceux qui le craignent.

Luc 1

Communier et témoigner

A l'exemple de Marie, la servante du Seigneur, nous exultons de joie en Dieu, notre Sauveur. Par Marie, Dieu a épousé notre humanité. Jésus nous a fait connaître son Père. Nous sommes devenus, par lui, héritiers du Royaume.

Il nous a appris à le prier :

« Notre Père...

« Le Seigneur comble de biens les affamés... »

Dans nos épreuves, nous avons faim et soif d'espérance et de forces nouvelles. Toi, Jésus, tu nous offres le Pain de Vie. Tu nous invites à ta table, où tu nous rassasies. Nous ne sommes pas dignes de te recevoir, mais tu veux nous guérir de nos peurs et de nos angoisses.

Pleins de confiance, nous ouvrons nos mains :

« Recevons le Corps du Christ... »
(temps de communion et de silence)

« Le Puissant fit pour moi des merveilles ! Saint est son Nom ! » Avec Marie, tournons-nous vers le Père. Comme elle, faisons-lui confiance. Rejoignons Jésus, notre compagnon de route.

Avec tous ceux que nous rencontrerons sur notre chemin, bénissons notre Dieu, fidèle à ses promesses faites à nos pères.

Que Dieu nous bénisse. Il est Père, Fils et Esprit-Saint.

PRÉPARER ET SE PRÉPARER

Tonalité festive

> **Heureux ceux qui pleurent : ils seront consolés.**
> **Matthieu 5, 5**

L'Église, dans ses membres, ses communautés et jusque dans ses structures et son organisation, est appelée à vivre et à témoigner de la sainteté et de la charité du Christ.

Les Béatitudes se conjuguent au présent. Elles sont promesses de bonheur. D'un bonheur à vivre dans l'aujourd'hui de nos vies ! Elles ne s'imposent pas. Elles ne s'improvisent pas. Leurs exigences sont radicales.

Les Saints ne sont pas des êtres d'exception. L'Évangile du Christ ne saurait être une chasse gardée pour privilégiés. Mais qui sont-ils donc ?

- Des serviteurs de Dieu...
- Des passionnés de fraternité et de solidarité...
- De grands priants...

Fêter la Toussaint, ce n'est pas se complaire à feuilleter les pages d'un bottin pour y évoquer les noms de héros évangéliques.

Fêter la Toussaint, c'est choisir le parti de ceux qui ne s'endurcissent pas jusqu'à s'emmurer et se montrer indifférents aux autres.

Fêter la Toussaint, c'est choisir de passer, parfois, pour des naïfs. C'est oser refuser d'emboîter le pas aux orgueilleux, aux suffisants.

Fêter la Toussaint, c'est choisir de payer de sa personne pour faire grandir la paix et la fraternité entre les hommes.

CÉLÉBRER

Accueillir

- Seigneur Jésus, tu nous appelles à la sainteté des enfants de Dieu.

  Prends pitié de nous.

- O Christ, tu guides tes frères sur le chemin des Béatitudes.

  Prends pitié de nous.

- Seigneur Jésus, tu nous prépares une place dans la foule immense de tes élus.

  Prends pitié de nous.

Heureux les pauvres de cœur... Heureux les artisans de paix... Heureux tous les Saints... Leur fidélité éclaire notre chemin.

Seigneur Jésus

- Sois la joie de ceux qui prennent au sérieux ton Évangile.
- Sois le guide de ceux qui mettent leurs pas dans tes pas.
- Sois l'espérance de ceux qui aspirent à un monde de justice, d'amour et de paix.
- Sois la consolation de ceux qu'affligent le deuil, l'angoisse, la maladie.
- Sois la force de ceux qui, aujourd'hui, souffrent de persécution à cause de ton nom.

Écouter

Références bibliques
• **Apocalypse 7**, 2-14 • **Psaume 23**, 1-6 • **1 Jean 3**, 1-3 • **Matthieu 5**, 1-12

Quand Jésus vit toute la foule qui le suivait, il gravit la montagne. Il s'assit et ses disciples s'approchèrent. Alors, ouvrant la bouche, il se mit à les instruire. Il disait : « Heureux les pauvres de cœur : le Royaume des cieux est à eux ! Heureux les doux : ils obtiendront la terre promise ! **Heureux ceux qui pleurent : ils seront consolés !** »

Matthieu 5

Communier et témoigner

Dieu, consolateur des affligés ! Seigneur, à notre secours ! Souvent, nous perdons confiance. Nous nous croyons seuls, abandonnés. Dans notre faiblesse, nous t'appelons à l'aide. Jésus, ton Fils, nous révèle que tu es notre Père qui nous aime. Il nous a appris à te prier ainsi :

« Notre Père... »

Jésus aime, avec prédilection, les pauvres. Pauvres, nous le sommes dans l'épreuve, la maladie, la solitude. Il vient à notre rencontre pour nous redonner l'espérance et la force de vivre. Pour cela, il nous tend la nourriture qui nous rassasie à jamais, le Pain de Vie.

Humblement, Seigneur, nous nous tournons vers toi. Nous ne sommes pas dignes de te recevoir, mais tu veux nous guérir :

Voici l'Agneau de Dieu qui nous ouvre le chemin de vie.

« Ouvrons nos mains et recevons le Corps du Christ... »
(temps de communion et de silence)

Avec la foule des Saints, qui ont déjà rejoint le Royaume, reprenons, ensemble, goût à l'espérance.

Avec toi, Jésus, notre compagnon de route, nous allons à la rencontre de nos proches. Avec tous ceux qui nous soignent ou nous visitent, nous partageons nos motifs de joie profonde.

Que le Seigneur nous bénisse. Il est Père, Fils et Esprit-Saint.

Et avec tous les Saints, chantons notre joie d'enfants de Dieu, héritiers du Royaume.

TABLE DES DIMANCHES ET FÊTES

TEMPS ORDINAIRE

Achevé d'imprimer en septembre 1994
sur les presses de Saint-Paul France S.A.
55000 Bar le Duc
Dépôt légal : septembre 1994
N° 5-94-0684